Heinrich Seuse

Das Büchlein
von den neun Felsen

Ein mystisches
Seelenbild der Christenheit

Heinrich Seuse

Das Büchlein von den neun Felsen

Ein mystisches
Seelenbild der Christenheit

Schätze der christlichen Literatur

Band 14

Impressum:

© 2019 Conrad Eibisch (Hrsg. u. Bearb.)

Herstellung und Verlag: BoD – Books on Demand, Norderstedt.

ISBN: 978-3-73474-337-5

Aus dem Leben
des seligen Heinrich Seuse.

HEINRICH Seuse, eigentlich Seuß, erhielt in seinem vollkommenen geistlichen Alter von Gott selbst, wegen seiner innigen Gottesliebe, den Namen *Amandus,* d. h. *der Liebwerte,* den er aber aus Demut immer verborgen hielt. Man fand ihn erst nach seinem Tode in seinen geheimen Schriften. Sein eigentliches Geburtsjahr am Ende des 13. Jahrhunderts ist unbekannt, wahrscheinlich war es das Jahr 1295. Sein Vater war aus dem adligen Geschlecht der Herren vom Berg, aus dem Hegau, seine Mutter aber eine v. Seusen, deren Namen er aus Liebe und zum Andenken an ihre Frömmigkeit nachher annahm. Er war von Geburt ein Schwabe.

Im 13. Jahre seines Alters trat Seuse zu Konstanz in den Dominikaner- oder Predigerorden, wo er in den Wissenschaften solche Fortschritte machte, daß er auf der hohen Schule zu Köln Doktor der Heiligen Schrift werden sollte. Er nahm aber diese Würde nicht, aus Eingebung des Heiligen Geistes, welcher ihm sagte, er soll sich damit begnügen, sich selbst und andere durch seine Predigten zu Gott zu bekehren. Er predigte auch wirklich mit solchem Ernst und Nachdruck, daß er in der Nähe und Ferne bald berühmt wurde, und großen Segen stiftete. Seine eigene Bekehrung nahm aber erst in seinem 18. Jahre ihren Anfang. Er trug bisher das geistliche Kleid nur äußerlich, führte aber, seinem ungesammelten Gemüt nach, noch ein zerstreutes weltliches Leben, indem er die geringen Sünden nicht achtete und sich nur vor solchen hütete, wodurch seine Ehre vor der Welt hätte verletzt werden können. Doch fand sein Herz in den sichtbaren und vergänglichen Dingen und Genüssen keine Ruhe und keinen dauerhaften Frieden; immer hieß es in seinem Innern: „Dies ist's nicht, was du suchst."

Im genannten Jahr setzte aber die in ihm wirksame Gnade sein Gemüt in eine so große Unruhe, daß er seiner bisherigen Lebensweise ganz entsagte, und ein in sich gekehrtes geistliches Leben führte, ungeachtet aller Versuchungen von außen und innen. Der Feind sprach in ihm: „Es ist gut, daß du dich besserst, du sollst es aber nicht übertreiben. Ist das Herz gut, so ist alles gut; du kannst die bisherigen Gesellschaften besuchen, und dabei doch ein inniger guter Christ sein; andere Menschen, die kein so zurückgezogenes Leben führen, wollen doch auch selig werden; man müsse es mit der Welt nicht auf einmal ganz verderben, und sich wohl in acht nehmen, daß man sich die Verachtung der Leute nicht zuziehe. Auch sei ungewiß, ob Gott dich in deinem Unternehmen stärken wolle, du sollst daher dein Vorhaben noch reiflicher überlegen." Auch seine vorigen Freunde sagten: eine gewöhnliche Lebensweise sei die sicherste: es sei zu fürchten, es werde mit ihm kein gutes Ende nehmen.

Seuse faßte aber Mut, im Vertrauen auf die göttlichen Verheißungen, und riß sich heldenmütig los von den bisherigen eitlen Gesellschaften, eingedenk der Worte: „Wer der Welt Freund sein will, wird Gottes Feind: Wer mir nachfolgen will, der verleugne sich selbst."[1] Anfangs, von seinem gefühlvollen Herzen überwältigt, besuchte er zwar sie noch manchmal, um sich ein wenig zu erholen; weil er aber gewöhnlich nur Hohn und Spott einerntete, und traurig und in sich verwirrt zurückkam, so blieb er endlich ganz weg und seufzte zu Gott: „O mein gütiger Gott! Es ist nichts Besseres als den Umgang solcher Menschen fliehen!" Am schwersten fiel ihm, daß er keinen ihm gleichgesinnten Freund hatte, um ihm seine Leiden klagen zu können.

---

[1] Matth. 16, 24.

Als er zu dieser Zeit einmal trost- und freundlos im Gedränge eines schweren Leidens, zu Gott, einsam im Chor, seufzte, sah er sich auf einmal, wie der Apostel Paulus, dem Geist nach in den Himmel versetzt, wo er durch den Anblick unaussprechlicher Dinge und einen seligen Genuß des ewigen Lebens über alle menschliche Begriffe getröstet wurde. „Wenn das nicht der Himmel ist", pflegte er nachher zu sagen, „so weiß ich nicht, worin der Himmel bestehen soll. Alle nur erdenklichen Leiden dieser Welt vermögen den ewigen Besitz dieser Freude nicht zu verdienen." Die Dauer dieser Verzückung schien ihm eine Stunde. Als er wieder zu sich selbst kam, fühlte er sich an seinen leiblichen Kräften ganz erschöpft, im Geist und Gemüt aber ganz erneuert. Dadurch ward, durch das noch lange Zeit in seiner Seele anhaltende Gefühl der beseligenden Himmelsfreude, ein himmlisches Sehnen und glühendes Verlangen nach Gott in ihm entzündet.

Von nun an war es sein angelegenstes Geschäft, sich im innerlichen Umgang mit Jesus, der ewigen Weisheit, zu üben, und durch vertrauliche Herzensgespräche seine Gegenwart und Nähe zu genießen. Diese Gespräche mit Jesus hat er zum Teil schriftlich hinterlassen in dem *Buch von der ewigen Weisheit*. Er stellt sich in diesen Gesprächen als einen Schüler der ewigen Weisheit vor, der im Anfang seiner Bekehrung nur süße Tröstungen und erhabene Anschauungen der Gottheit Jesu suchte, und immer gerne angenehme Gefühle und Empfindungen gehabt hätte, dem aber der Sohn Gottes die schwere Lektion der Leiden in seiner erniedrigten Menschheit vorliest, und ihn zum Kampf und zur Nachfolge im Leiden ermuntert, um dadurch der Natur und Eigenliebe abzusterben, und der Einwohnung Gottes empfänglich zu werden.

Um sein von Natur schon sehr zur Liebe geneigtes Herz immer mehr in der Liebe Jesu zu entzünden, betrachtete er oft, daß Jesus auch aus Liebe zu ihm die Freuden des Himmels verlassen und die menschliche Natur angenommen, während seines Lebens auf Erden so viele Mühseligkeiten, Verachtung und Spott, und endlich den schmerzlichsten und schmählichsten Tod am Kreuz erduldet habe. Er beherzigte oft, wie Jesus von seiner zarten Jugend an, durch verborgene Bande der Liebe, ihn zu sich gezogen, und von allem Irdischen losgerissen habe. Er glaubte nun auch seine Liebe zu Jesus nicht besser beweisen zu können, als durch beständiges Verleugnen aller Anhänglichkeit an die Geschöpfe und durch getreue Befolgung seiner Gebote. Er führte daher durch 22 Jahre, nämlich von seinem 18. bis 40. Jahre, eine strenge abtötende Lebensweise, um seine lebhafte Natur, die durch viele sündhafte Regungen dem Geist widerstrebte, zu bezähmen und dem Geist untertänig zu machen.

Er übte sich in einem so strengen Stillschweigen, um den Frieden des Herzens leichter zu bewahren, daß er in 30 Jahren nur einmal über Tisch redete. Um am Tisch die Eßlust zu bezähmen, stellte er sich Jesus im Geiste vor, bat ihn, seine Seele zugleich mit seiner Gegenwart geistlich zu speisen, und ihn zu segnen. War er zu begierig nach der Speise, so schämte er sich nachher vor ihm. Eine lange Zeit trank er gar keinen Wein, sondern nur Wasser, und auch von diesem immer nur ein bestimmtes Maß, daher er sogar auf Reisen seinen Becher bei sich trug. Wenn brennender Durst ihn quälte, tröstete er sich mit dem Gedanken, daß der Schöpfer aller Quellen der Erde, sterbend am Kreuz, doch sich aus Liebe zu ihm mit Galle und Essig begnügt habe. Sein Lager war eine alte hölzerne Tür ohne alles Bettgewand, und sein Kopfkissen ein Säckchen mit Erbsenstroh. Wurde er zur Klosterpforte gerufen, beobachtete er sorgfältig diese vier Stücke: 1. Jeden freundlich zu empfangen; 2. Kurz mit ihm zu reden; 3. Ihn getröstet zu entlassen; 4. Ohne Befleckung des Geistes und ohne eine sinnliche Neigung an einen Menschen wieder zurückzukehren. Mußte er aus dem Kloster gehen, so bewachte er seine Sinne und sein Herz mit doppelter Sorgfalt und war so furchtsam, wie ein Wild, wenn es aus seiner verborgenen Höhle gejagt wird.

Als sich Seuse auf diese und ähnliche Weise in der Selbstverleugnung und Abtötung 22 Jahre geübt hatte, belehrte ihn der Herr, von seinen bisherigen Kasteiungen, wodurch mehr die Sinnlichkeit bezähmt als der Wille abgetötet wird, abzustehen, wegen der übermäßigen körperlichen Entkräftung, und sich nun mit ruhiger Ergebung seinen Führungen zu überlassen, um ein reines Gefäß seiner Gnade zu werden. „Bisher", sagte der Herr, „schlugst du dich selbst mit eigenen Händen, und hörtest auf, wann du wolltest; nun aber will ich dich von anderen züchtigen lassen, du wirst von einigen blinden Menschen aller Ehre beraubt, und vor allen Menschen zuschanden werden. So sehr du dich auch bisher abgetötet hast, so blieb dir doch, durch Gottes Verhängnis die angeborene Neigung, überall freundlich empfangen zu werden; nun aber wird es geschehen, daß du an den Orten, wo du besonders Liebe und Treue suchst, nur Untreue, großes Leid und Verfolgung finden wirst. Und dies wird so mannigfaltig geschehen, daß nur die wenigen, die dir mit besonderer Treue ergeben sind, mit dir Mitleid haben werden. Bisher warst du als unentwöhnter Säugling mit süßer Milch genährt, und schwammst in göttlichen Tröstungen wie der Fisch im Meer. Diese will ich dir nun entziehen, und du wirst dich von Gott und den Menschen verlassen sehen; du wirst von Freunden und Feinden verfolgt werden. Kurz, wo du immer ein teilnehmendes Herz und Trost suchen wirst, wirst du das Gegenteil finden."

Dies waren, die vorzüglichsten unter den unzähligen Leiden, die ihn, wie der Herr sagte, von nun an treffen sollten. Als Seuse, zitternd vor Furcht, sogleich Gott inbrünstig bat, ihn, wenn möglich, dieser Leiden zu überheben, sprach eine Stimme in ihm: „Fasse Mut, ich will mit dir sein und dir in deinen außerordentlichen Leiden überwinden helfen." Er stand nun auf, und übergab sich dem Willen Gottes. Als er am Morgen, nach der Messe, traurig in seiner Zelle saß im Gedanken über die Dinge, die nun kommen sollten, und ihn fror, da es Winter war, sprach eine Stimme in ihm: „Tue auf das Fenster der Zelle und sieh und lerne!" Da sah er einen Hund, der im Kreuzgang mit einem zerrissenen Fußtuch spielte, es bald auf-, bald niederwerfend, und noch mehr zerreißend. „So wirst du", sprach die Stimme in ihm, „in dem Mund deiner Brüder behandelt werden." Er dachte bei sich selbst: „Soll dies geschehen, so will ich so schweigend wie dies Fußtuch mich mißhandeln lassen." Er ging hinab, und bewahrte dies Fußtuch viele Jahre, um sich bei dessen Anblick an seinen Entschluß zu erinnern, wenn die Ungeduld ausbrechen wollte.

Unter anderen Gottesfreunden, die ihm seine neuen künftigen Leiden voraussagten, erzählte ihm eine im großen Ruf der Heiligkeit stehende Person folgendes. Sie sah, als sie inbrünstig für ihn gebetet, in einer Erscheinung vor ihm einen großen Baum voll schöner roter Rosen. Als sie in die Höhe sah, kam es ihr vor, daß die Strahlen der Sonne sein ganzes Herz durchglühten, und ein wunderschönes Kind aus der Sonne hervorkam, welches zu ihr sagte: „Die Sonnenstrahlen, die meines Dieners liebreiches Herz durchleuchten, werden durch ihren Widerschein die Herzen vieler liebreich zu mir ziehen; der dicke Rosenbaum bedeutet die mannigfaltigen Leiden, die ihm künftig begegnen werden." Eine andere Person sah einmal im Geist um das Haupt des Seuse einen Kranz aus roten und weißen Rosen, wobei ihr gesagt wurde: die weißen Rosen bedeuten seine Unschuld, die roten seine Geduld in den mannigfaltigen Leiden. Ein anderes Mal sah sie ihn in einer Verzückung auf einem Berg Messe lesen und eine unzählbare Menge Kinder an ihm hängen, für die er zu Gott bat, den er in seinen priesterlichen Händen hielt.[2] Auf die Frage, was dies Gesicht bedeute, ward ihr geantwortet: die unzählbare Menge der an ihm hängenden Kinder sind die vielen Menschen, die er im Beichtstuhl und durch seine Predigten zu Gott führe.

Unter den vielen Leiden, die er wegen der Bekehrung der Sünder zu erdulden hatte, wollen wir nur eines erzählen. Seuse suchte, nebst anderen großen Sündern, besonders verliebte Frauen zur Liebe Jesu zurückzuführen, weswegen ihm manche Männer nach dem Leben strebten, weil er Ursache war, daß die von ihnen geliebten Personen ihnen nicht mehr zu Willen waren und sie verließen. Unter diesen leichtfertigen

---

[2] Damit ist die heilige Kommunion gemeint.

Personen, die durch ihn sich bekehrten, waren auch solche, die schon Kinder hatten, und die gewöhnlich wieder nur deswegen in die alten Sünden zurückfallen, weil sie von ihren Kindsvätern keine Unterstützung für das Kind erhalten, wenn sie ihnen nicht wieder zu Willen sind. Seuse teilte, um solche Rückfälle in die alte Sünde der Unzucht zu verhüten, mehreren dieser gefallenen Frauen, von den ihm stets reichlich erteilten Almosen mit. Eine von diesen nannte aber einen anderen als Vater ihres unehelichen Kindes, um ihrem Liebhaber nicht entsagen zu müssen, und verharrte mit ihm in ihrem sündhaften Umgang. Als dies Seuse erfuhr, entzog er ihr seine bisherige Unterstützung; sie aber wurde dadurch so aufgebracht, daß sie ihn selbst als den Vater dieses Kindes bei Geistlichen und Weltlichen ausschrie, und endlich sogar das Kind selbst ihm zusandte.

In dieser bettübten Lage erbot sich ihm ein andere gottlose Frau, das Kind heimlich zu ermorden, um seine Ehre zu retten. Er aber sagte zum Kind, das ihn anlächelte: „Ich will, weil dich Gott mir schickt, um seiner Willen dein Vater sein." – Was Seuse fürchtete, geschah; alle, die ihn bisher für einen heiligen Mann gehalten hatten, verließen ihn, und hielten ihn für einen boshaften Heuchler. Selbst zwei seiner vertrautesten Freunde, bei denen er in seiner größten Betrübnis Trost suchte, glaubten die boshafte Verleumdung. Einer von ihnen überhäufte ihn mit den bittersten Vorwürfen, und kündigte ihm die Freundschaft auf. Mit zerrissenem Herzen sprach Seuse zu ihm: „Ach, Bruder! Wärst du durch Gottes Verhängnis in diese trübe Pfütze geworfen worden, gewiß, ich wäre zu dir hineingesprungen, und hätte dir freundlich herausgeholfen. Du aber willst mich noch tiefer hineinstoßen. Das klage ich dem mitleidvollen Herzen meines gekreuzigten Jesus." Sein Freund hieß ihn schweigen, und sagte: „Es ist nun um dich geschehen; sowohl deine Predigten als deine Bücher werden verworfen werden."

Er konnte sich beinahe nicht dareinfinden, daß er selbst von frommen Menschen im ganzen Land verleumdet und gelästert wurde. Sein einziger Trost war noch, daß diese Verleumdung noch nicht die Ohren der Richter und Prälaten des Ordens erreicht hätte. Bald ward ihm aber auch dieser entzogen; denn nun kamen der Ordensgeneral und der Vorsteher der deutschen Provinz in die Stadt, wo die gottlose Frau ihn als den Vater ihres Kindes ausgeschrien hatte. Von einem der Prälaten seines Ordens hatte er deswegen auch vieles zu leiden. Es kam so weit, daß er, verabscheut von den Menschen, aus Mangel an den nötigsten Bedürfnissen, großen Hunger leiden mußte. Er sagte aber doch nur: „Herr, dein Wille geschehe!"

Endlich nach langen Leiden, nahm sich Gott, wie ihm in einem Gesicht vorausgesagt worden, selbst seiner an. Die Mutter des Kindes starb plötzlich, und zugleich viele andere, die ihn am meisten verleumdet hatten, und zwar mehrere besinnungslos, ohne Empfang der heiligen Sterbesakramente. Unter diesen war auch obiger Prälat, der ihm nachher erschien und sagte: „Gott habe ihm deswegen, weil er ihn verfolgte, seine Würde und das Leben genommen, und er müsse nun lange leiden." Gott, der die Herzen der Menschen lenkt, ließ nun alle, die von dem ungewöhnlichen Tod der genannten Personen hörten, erkennen, daß er unschuldig sei. Auch der Vorsteher der deutschen Provinz gab nun, nach genauer Untersuchung, seiner Unschuld das Zeugnis. Von dieser Zeit an hatten die Leute zu ihm mehr Zutrauen als zuvor. Er aber wollte aus Liebe zu seinem Erlöser nur leiden, und meinte, daß ihn Gott verlassen habe, weil er einmal vier Wochen an seiner Ehre nicht verletzt und nicht körperlich mißhandelt worden war. Denselben Augenblick kam aber ein Ordensbruder, und sagte, daß ein Herr auf einem Schloß ihm den Tod geschworen habe, worüber sich Seuse so sehr erfreute, daß er laut Gott lobte.

Die Folge des eben erzählten Leidens, wobei er zugleich mehr als jemals vorher sich innerlich oft lange von Gott ganz verlassen fühlte, war ein vorher ihm ganz unbekannter stiller Herzensfriede und innerliche Erleuchtung, so daß er Gott innig für die ihm gesandten Leiden pries. Er sah nun ein, daß alle früheren, von Jugend auf erfahrenen Leiden ihn nicht so sehr abgetötet und gedemütigt, und mit Gott vereinigt haben, als diese Verletzung seiner Ehre.

Außer der außerordentlichen Rettung seiner Unschuld waren es nachstehende Wunder, wodurch Gott seinen Zeitgenossen seinen vorzüglich geliebten Diener Seuse als seinen Gesandten beglaubigte, und ihm einst ausgebreitetes allgemeines Zutrauen verschaffte.

Als er einmal auf einer Reise am Abend zu einer Klause kam, um da Nachtherberge zu nehmen, versammelten sich bei 20 heilsbegierige Personen, um Gottes Wort aus seinem Mund zu hören. Seuse wünschte vor allem seinen großen Durst zu löschen. Da aber weder im nahen Dorf, noch in der Klause ein Wein war, erklärte eine Jungfrau, daß sie zwar noch eine halbe Maß besitze, damit sei aber nicht geholfen, wenn so viele davon trinken wollen. Er hieß das Fläschchen auf den Tisch setzen, und sie baten ihn, es zu segnen. Seuse tat es in der Kraft des liebreichen Namens Jesu, trank nach Durst, und bot es den anderen, die gleichfalls alle daraus tranken. Dies geschah nachher noch einige Male, ohne es mit Wasser aufzufüllen, wobei ihr Herz über Gottes Wort so voll Freude war, daß niemand dies offenbare Wunder bemerkte. Als sie es aber erkannten, da sie alle den Durst sich gelöscht hatten, lobten sie Gott, und wollten der Heiligkeit seines Dieners dies Wunder zuschreiben. Seuse gab das nicht zu, sondern sprach: „Gott hat diese gute Gesellschaft von ihrem Glauben genießen lassen, und sie geistlich und leiblich getränkt."

Als Seuse einmal zu Köln mit großem Eifer predigte, sah ein Mensch, der sich erst zu Gott bekehrt hatte, mit den inneren Augen sein Angesicht sich in himmlisches Licht verklären, und dreimal so hell glänzen, wie die Sonne am Mittag. Zugleich war es so klar, daß er sich selbst darin sah. Durch diesen Anblick fühlte sich dieser Mensch in seinen inneren Leiden reichlich getröstet, und in einem heiligen Leben befestigt.

Einmal wurde er von seinen Mitbrüdern, als wegen den hohen Preisen der Lebensmittel sein Kloster großen Mangel an Brot und Wein hatte und dazu sehr verschuldet war, wider seinen Willen, zum Prior erwählt. Er ließ nun sogleich am ersten Tage zur Gemeindeversammlung das Zeichen geben, und ermahnte seine Mitbrüder, den heiligen Dominikus, der seinen Brüdern verheißen habe, ihnen stets durch Gott zu Hilfe zu kommen, um Fürbitte anzurufen. Da sagten einige seiner Brüder: „Welch ein Tor ist doch dieser Prior, daß er uns ermahnt, in unserer Not unsere Zuflucht zu Gott zu nehmen? Wird Gott wohl den Himmel öffnen und uns Speise und Trank herabsenden? Aber nicht er allein, wir alle sind Toren, daß wir ihn zum Prior erwählt haben, da wir doch vorher wußten, daß er des Zeitlichen unkundig ist, und nur immer aufwärts zum Himmel gafft."

Am folgenden Morgen befahl er, zu Ehren des heiligen Dominikus eine Messe zu singen, damit er sie beraten möchte. Während er im Chor in Gedanken vertieft stand, kam der Pförtner und rief ihn zu einem reichen Chorherrn, der sein besonderer Freund war. Dieser erzählte ihm, daß ihn Gott heute Nacht innerlich ermahnt habe, an seiner Statt dem Kloster zu helfen. Er bringe daher zu einem Anfang 20 Pfund Konstanzer Pfennige.[3] Ferner setzte er hinzu, daß sie Gott nie verlassen werde, wenn sie auf ihn vertrauen. Freudig nahm der Heilige das Geld, und hieß Korn und Wein kaufen. Auf die Fürbitte des heiligen Dominikus sandte ihm Gott, so lange er Prior war, immer so viel, daß er stets einen Vorrat hatte, und alle Schulden des Klosters bezahlen konnte.

Dies wenige aus dem Leben des seligen Seuse mag genügen, um uns zu überzeugen, daß er ein getreuer Nachfolger Jesu auf dem Weg des Kreuzes war, und so wie von seinen Zeitgenossen, auch von uns den Glauben als ein von Gott gesandter Prediger der Buße verdient. Von den vielen außerordentlichen Erscheinungen, die er von Jesus Christus, von der huldvollsten, gnadenreichen Jungfrau Maria, und von den Engeln und Heiligen hatte, wollen wir hier nichts mehr erzählen, da es für die

---

[3] Konstanzer Pfennig: Eine kleine Silbermünze aus Süddeutschland. 20 Pfund war eine erhebliche Menge Geld.

von der Weltweisheit Verblendeten, wie das bisherige, gleich fruchtlos wäre; für jene aber, die noch glauben nach dem Ausspruch Jesu, wenn sie Zeichen und Wunder sehen, das bereits Angeführte zureichend ist.

Am Ende des nachstehenden *Büchleins von den neun Felsen* werden wir hören, daß der selige Seuse kurz vor seinem Tode, wegen seiner großen Gelassenheit und innerlichen und äußerlichen Gleichförmigkeit mit dem leidenden Jesus, zur höchsten hier erreichbaren Stufe der Vollkommenheit gelangt sei, und Gott selbst ihn würdigte, ihn unter die kleine Zahl dieser heiligen Seelen zu setzen, und ihn auf dieser Stufe noch einmal, wie bei seiner ernstlichen Bekehrung, die Herrlichkeit des Himmels schauen ließ, um davon Zeugnis zu geben.

Nach den zuverlässigsten Zeugen starb der selige Heinrich Seuse 13 Jahre nach der Verfassung dieses Buches 1365. Näheres ist von seinem Hinscheiden nicht bekannt. Sein Leichnam wurde zu Ulm im Kreuzgang des Dominikanerklosters begraben, und im Jahre 1613 in seinen Ordenskleidern ganz unversehrt, und einen lieblichen Geruch von sich gebend, gefunden, als man bei einem neuanzulegenden Bau von ungefähr auf ihn kam. Man warf damals das Grab wieder zu, um weiteres Gerede zu verhindern. So befahl der damalige Bürgermeister der Stadt Ulm.

Über das
Büchlein von den neun Felsen.[4]

(. . .) Es kann auffallen, daß Suso, da er doch hier gleichsam Rechenschaft von seinen Schriften ablegt, des *Büchleins von den neun Felsen,* das ihm doch allgemein zugeschrieben wird, gar nicht erwähnt: man könnte daraus schließen wollen, daß er dasselbe nicht verfaßt habe. Dieser Schluß dürfte jedoch bei näherer Betrachtung als voreilig und unbegründet erscheinen. Seine übrigen Schriften sind nämlich so ganz subjektiv, enthalten so viel Geschichtliches von der Person ihres Verfassers, und die Lehren der Vollkommenheit, die er darin erteilt, sind durch seine eigenen Erfahrungen so eigentlich veranlaßt, begründet und belegt, daß er, um eine Gewährschaft für die Wahrheit und Zuverlässigkeit derselben zu geben, diese Schriften als die seinigen anerkennen und sich als den Verfasser bekennen mußte, wie er dies in der angeführten Vorrede selbst deutlich zu verstehen gibt.

Ganz anders aber verhält es sich mit dem *Büchlein von den neun Felsen.* Hier ist alles objektiv: es wird Gericht gehalten über die ganze Christenheit, über alle Stände und Geschlechter; die Sache selbst redet, oder vielmehr Gott redet, und was er spricht, wiederhallt sich bewährend in dem Gewissen aller und jeder. Der Seher ist gleichsam nur *calamus scribæ,* und auch dies ungern genug. Er darf also hier nicht hervortreten, sich nicht namhaft machen, daß nicht die ernste, strafende Wahrheit

---

[4] M. Diepenbrock: *Heinrich Suso', genannt Amandus Leben und Schriften...* Vorwort S. XII f.

durch seine Persönlichkeit im gehässigen Licht erscheine. Nur flehen darf er um Schonung, um Erbarmung für die arme Christenheit. Deshalb soll, noch darf, wie er am Schluß des Buches sagt, niemand fragen, durch wen Gott dies Buch geschrieben habe, und er vertraut Gottes Güte, daß es keiner Kreatur bekannt werde in dieser Zeit.

Geschrieben ward das Buch, wie es auch am Ende heißt, im Jahre 1352. Damals lebte Suso, und es ist derselbe Geist seiner Schriften, der auch in dieser weht. Die beiden alten Augsburger Drucke geben sie unter seinem Namen, und auch der Kritiker Echard schreibt sie ihm unbezweifelt zu. Deshalb und weil sie schon an sich ein merkwürdiger Sittenspiegel jener (und nicht auch unserer?) Zeit ist, trug ich kein Bedenken, sie hier, aufzunehmen. In einem Katalog der Straßburger Bibliothek soll sie unter dem Namen Rulmann Merswin angeführt stehen. Ich habe hierin nichts Näheres auffinden können. Übrigens ist es bekannt, wie oft man von jeher, besonders in diesem Zweig der Literatur, anonyme Schriften verschiedenen Verfassern zuschrieb (...)

Das Büchlein
von den neun Felsen

Vorrede.

WER das nachfolgende *Büchlein von den neun Felsen* lesen will, der beginne von vorne und lese es bis ans Ende um es ganz zu verstehen. Und bessert er dann sein Leben nicht, so ist zu fürchten, Gott lasse ihn auf immer fallen. Davor behüte uns die ewige Wahrheit! Amen.

Ihr Menschen! Nehmt doch alle diese warnende Lehre mit ernstlicher Selbstprüfung zu Herzen. Denn wißt, wer dies Buch vom Anfang bis ans Ende mit Aufmerksamkeit liest oder lesen hört, der muß sich bessern, er wolle denn absichtlich in seinen Sünden sterben. Ist aber der Leser ein guter Mensch, der sich gerne zu Gott kehrte, ein solcher wird hier gelehrt, wenn er es nur recht zu verstehen sucht, welcher der rechte Weg zu seinem Ursprung ist; denn man findet darin, woran der Mensch noch hängt, was ihn in seinem Streben noch hindert, oder womit er noch gefesselt ist. Es ist dies Buch für alle geschrieben, die Leser mögen große Sünder oder große Heilige sein. Zuerst wird erzählt: wie ein Mensch von Gott gezwungen ward, es zu schreiben; zweitens, wie diesem Menschen fremde Bilder vorgehalten wurden; drittens, wie ihm der sündhafte Zustand der Christenheit gezeigt ward; viertens, wie er einen hohen Berg mit neun immer höher stehenden Felsen sah, auf deren jedem Christen- menschen sich befanden.

1. Kapitel.

Von einem Menschen,
der von Gott gezwungen ward, dies Buch zu schreiben.

ES geschah einst im Advent vor Weihnachten[5] am frühen Morgen, daß ein Mensch ermahnt ward, in sich einzukehren. Er folgte sogleich dieser Ermahnung, begab sich in eine einsame Stätte, wo er zu beten pflegte, und versetzte sich mit aller Geistessammlung in die Gegenwart Gottes. Da geschah es, daß ihm auf wunderbare Weise fremde Bilder vorgehalten wurden, bei deren Anblick er sehr erschrak und zu Gott rief: „Mein innigst Geliebter! Was willst du mir durch diese wunderbaren Vorstellungen sagen? Du weißt ja, daß ich nichts anderes suche, nichts anderes verlange und will, als dich allein." Er suchte aus allen Kräften sein Gemüt davon wegzuwenden. Je mehr er sich aber dieser Bilder zu entschlagen suchte, um so lebhafter schwebten sie ihm im Geist vor. Auf diesen Widerstand und die zu Gott erhobene Klage ward ihm innerlich gesagt: „Widerstrebe diesen Bildern nicht, du mußt sie jetzt, oder bis an deinen Tod sehen."

Da sprach der Mensch: „Innigst Geliebter! Zürne nicht. Es geschehe, was du willst." In dem Augenblick, als er seinen Willen dazu gab, wurden ihm folgende, wunderbare Vorstellungen vorgehalten; es dauerte aber dieses Gesicht kaum ein *Ave Maria* lang. Darüber erschrak er abermals sehr und sprach: „Ach, innigst Geliebter! Was willst du mir durch diese wunderbaren Vorstellungen sagen?"

Die Antwort: „Sie sind nichts als ein Gleichnis der Dinge, die dich Gott sehen lassen will, welche an Zahl und Größe diese Bilder weit übertreffen."

Der Mensch: „Ach, mein Geliebter! Soll ich noch mehrere solche übernatürliche Erscheinungen sehen müssen; so fürchte ich, bei meiner

---

[5] Am Ende des Jahres 1351.

großen Schwächlichkeit, zu unterliegen. Du weißt doch wohl, daß ich allen Kreaturen entsagt habe, um in allen Dingen bis in den Tod im rechten Gehorsam nur dir allein anzuhängen."

Die Antwort: „Nun tue auf deine inneren Augen und sieh."

Mit diesen Worten wurden dem Menschen alle die Wunder gezeigt, die in diesem Buch geschrieben sind. Und er erschrak aus ganzem Herzen. Es dauerte aber dieses Gesicht kaum so lange als eine gesungene Messe.

Der Mensch: „Ach, mein innigst Geliebter! Du weißt ja, daß ich keinen anderen Trost verlange, als dich allein. Was meinst du mit diesen wunderlichen Dingen?"

Die Antwort: „Die Bedeutung aller dieser Dinge, die du gesehen hast, soll dir später geoffenbart werden."

Der Mensch fühlte sich dadurch in allen seinen Kräften erschöpft, und sprach: „Ach, innigst Geliebter! Wie bin ich so sehr erschrocken. Wie es scheint, so bist du über die ganze Christenheit erzürnt. Ich bedaure sie aus dem Innersten meines Herzens. Ach dürfte ich doch für sie bitten, wiewohl ich mich dessen unwürdig bekenne."

Die Antwort: „Alles, was du gesehen hast, mußt du in ein Buch schreiben, zum Heil und zur Warnung der Christenheit."

Der Mensch: „Ach, innigst Geliebter! Was wird dies nützen? Es haben die Christen viele Bücher und Lehrer; aber alles, was man ihnen sagt, geht durch ihren Sinn, und sie kehren sich nicht daran."

Die Antwort: „Sprich nicht also. Gott würde, ehe er um seiner willen einen einzigen Menschen verlorengehen ließe, wenn er dadurch gerettet werden könnte, noch zum zweitenmal den Tod für ihn leiden. Darum sollst auch du dies alles gerne schreiben, sollte auch nur ein einziger Mensch dadurch gebessert werden, und wüßtest du auch, daß du den bitteren Tod deswegen solltest zu leiden haben."

Der Mensch erschrak gar sehr, und sprach: „Ach, innigst Geliebter! Um deiner grundlosen Barmherzigkeit willen erlaß mir dieses Schreiben.“

Die Antwort: „Was meinst du?“

Der Mensch: „Ach, innigst Geliebter! Du hast, wie ich wohl weiß, viele Lehrer, die mehr Talent besitzen, und sich besser ausdrücken können, als ich armes Geschöpf, dem alle diese Gaben mangeln, um, was ich gesehen habe, der heiligen Christenheit vortragen zu können.“

Die Antwort: „Du bist nicht der erste unter denen, durch die Gott der heiligen Christenheit seine Gnade ausgegossen hat, und die so ungelehrt waren als du. Darum laß dich bewegen und schreibe.“

Der Mensch: „Ach, innigst Geliebter! Erlaß mir dies; denn ich bin es nicht würdig.“ – Er sprach noch mit weinenden Augen: „Ach, erlaß mir dies; alles will ich tun, was du nur immer willst; denn ich fürchte, daß mir dieses Schreibens wegen der Feind eine heftige Verfolgung verursache.“

Die Antwort: „Suche du nur die Ehre Gottes zu fördern, und laß für das weitere ihn sorgen. Und was dir dann der Feind verursacht, das nimm als Prüfung, und leide lieber um dieser Sache wegen, als einer anderen; denn niemand soll des Kreuzes los sein wollen, ehe ihn Gott davon erledigt.“

Der Mensch: „Das Kreuz meine ich nicht zu fliehen.“

Die Antwort: „So ermutige dich, und trage dies Kreuz lieber als ein anderes.“

Der Mensch: „Ach, innigst Geliebter! Zürne nicht. Ich nehme mich dessen gar ungerne an, meiner Ungeschicklichkeit wegen.“

Die Antwort: „Was willst du vermögen, armer, übelriechender Wurm? Laß du nur Gott für seine Ehre sorgen, und sei unbekümmert, und wolle durch deine Geschicklichkeit sie nicht fördern wollen.“

Der Mensch: „Ich fürchte, die Christenheit werde, was ich schreibe, als Unwahrheit verwerfen.“

Die Antwort: „Dafür laß Gott sorgen. Daß dies, was du schreiben sollst, lautere Wahrheit ist, sollen die Leser selbst in ihrem Herzen fühlen. Es ist auch das, was dir begegnet, nicht wider die Lehre der Kirche und der Heiligen Schrift; denn der Christenglaube lehrt, daß Gott im Alten und Neuen Bund noch größere Wunder durch seine besonders geliebten Freunde gewirkt hat. Warum soll denn Gott jetzt nicht mehr wirken können, wo er will, und was und wie er will? Darum beginne zu schreiben; denn seit mehreren hundert Jahren tat es den Christen nie so not, daß man sie warne. Sie leben jetzt ohne Sorge für die Ewigkeit ruhig dahin im Genuß dieses Lebens. Darum zögere nicht länger, und schreibe, was du gesehen hast."

Der Mensch: „Ach, innigst Geliebter! Mir ist so bange, daß ich mich nicht entschließen kann, du zwingst mich denn dazu."

Die Antwort: „Gott wird dich mit den schweren Leiden an Leib und Seele dazu nötigen."

Der Mensch: „Ich will alles willig leiden, was du über mich sendest."

Die Antwort: „Du magst kurz oder lange zögern, es nützt dir nichts, du mußt es doch tun."

Der Mensch: „Ach, innigst Geliebter! Zürne nicht. Ich tue dies sehr ungerne; denn ich erkenne meine Unwürdigkeit und die Größe eines so hochwichtigen Gegenstands. Dies setzt mich so sehr in Furcht."

Die Antwort: „Wäre nicht Demut die Ursache deines Ungehorsams, so würde dich Gott in den Abgrund der Hölle werfen."

Der Mensch: „Ist es möglich, so erlaß mir dieses Schreiben."

Die Antwort: „Ich sehe nun wohl, man muß dich dazu zwingen: Ich befehle dir jetzt bei der Heiligen Dreifaltigkeit, nicht länger zu zögern; sogleich, noch am heutigen Tag beginne zu schreiben."

Der Mensch erschrak und sprach: „Ich bin ein armer Wurm und nicht würdig, deine Kreatur zu heißen, und muß tun, was du willst. Ach, ich armes Geschöpf bitte dich, den ich allein über alles liebe, zu verhindern, daß es nur einem Menschen bekannt werde, durch wen du dieses hast schreiben lassen. Auch bitte ich dich, liebster Herr, da es nun geschrieben sein muß, mir zu sagen, ob ich in den liebkosenden Ausdrücken schreiben darf, wie ich mit dir rede, daß ich dich meinen innigst Geliebten heiße?"

Die Antwort: „Ja freilich! Der Freunde Gottes Liebkosung fängt hier an, und dauert in Ewigkeit. Begegnet dir etwas, das du jetzt nicht verstehst, so frage mich, und ich will dir dessen Bedeutung erklären, und das soll deine Urkunde sein, daß es Gott von dir will."

In ähnlicher Weise sprach Gott während elf Wochen oft zu diesem Menschen, bis er sich endlich doch bewegen ließ, zu schreiben. In diesen elf Wochen kam es mit ihm oft dahin, daß er glaubte, jeden Augenblick sterben zu müssen, und es begegneten ihm solche innere Leiden, daß man sie nicht wohl beschreiben kann. Es würde wohl ein ganzes Buch ausmachen, wenn man alle während dieser elf Wochen stattgehabten göttlichen Ermahnungen und die wunderbaren körperlichen Züchtigungen anführen wollte, bis ihn Gott dahin brachte, daß er sich zum Schreiben entschloß. Während dieser Zeit geschah es oft, daß dieser Mensch all die wunderbaren Dinge sehen mußte, welche in diesem Buch geschrieben sind. Der Anblick des sündhaften Zustands der Christenheit ging ihm aber so zu Herzen, daß er erkrankte und glaubte, augenblicklich sterben zu müssen.

Als die elf Wochen mit der Fastenzeit, in der er im Gebet sehr schwere Prüfungen hatte, verflossen waren, da sprach der Herr zu ihm: „Beginne nun zu schreiben, was du gesehen und gehört hast."

Der Mensch: „Ich will, mein Geliebter, gerne gehorsam sein, und in deinem Namen schreiben."

2. Kapitel.

Von den fremden Bildern,
welche diesem Menschen vorgestellt wurden.

DIE Antwort sprach zu diesem Menschen: „Öffne deine inneren Augen und sieh, wo du nun bist."

In demselben Augenblick sah der Mensch ein wunderbar großes, hohes und breites Gebirge, dessen höchster Gipfel eine weite Fläche bildete, in der ein tiefer See mit kristallhellem Wasser lag, in welchem eine unzählbare Menge Fische, große und kleine, hin- und herschwammen. Hierauf ward ihm gezeigt, wie aus dem See auf einer Seite des Gebirges das Wasser in schäumenden Strömen von seiner Höhe über die steilen Felsen herabstürzte in die Tiefen des Tales. Das wilde Schäumen und das donnernde Fallen des Wassers von einem Felsen auf den anderen, war so schauerlich zu sehen und zu hören, daß dem Menschen gar wunderlich zumute war. Zugleich sah er, wie sich bei dem Ausfluß des Sees die Fische sammelten, und eine unzählbare Menge derselben mit dem Wasser von einem der hohen Felsen auf den anderen in das Tal herabfielen.

Da sprach der Mensch aus tiefbewegtem Herzen: „Sage mir, mein innigst Geliebter! Was soll dies Sammeln und Herabfallen der großen Fische mit dem Wasser über die hohen Felsen bedeuten?"

Die Antwort: „Dies große Gebirge hat Gott geschaffen und geordnet, daß es dieser Fische Ursprung sein soll, und der Fische natürliche Eigenschaft ist, daß, wenn sie ihr bestimmtes Alter erreicht haben, sie sich sammeln und streiten und mit dem Wasser hinabfallen."

Der Mensch: „Innigst Geliebter! Wo schwimmen sie denn hin, und wo bleiben sie?"

Und der Mensch sah, daß die Fische in den Flüssen des Tales fortschwammen, und ihrer immer weniger wurden, je weiter sie sich entfernten; denn in allen Orten waren ihnen Netze gelegt, darin einer nach dem anderen sich verstrickte. Und als die Fische durch alle Wasser bis an das Meer und durch das Meer schwammen, da schien es, als ob ihrer kaum mehr die Hälfte wäre, die anderen waren alle gefangen, weil sie so unbedachtsam und schutzlos dahinschwammen. Mit großer Verwunderung sprach der Mensch: „Innigst Geliebter! Es scheint, daß diese Fische an das Ende des Meeres gekommen sind, und nicht mehr weiter können."

Die Antwort: „Ja, so ist es; sie haben sich so weit verlaufen. Ehe sie aber wieder zu ihrem Ursprung kommen, werden ihrer so wenige sein, daß du dich darüber verwundern wirst."

Und der Mensch sah, daß die Fische wieder zurückkehrten durch das Meer und die Flüsse der Erde. Je näher sie kamen, um so weniger wurden ihrer; denn auch auf dem Rückweg verstrickte sich eine große Anzahl derselben in den vielen, an allen Orten, ihnen gelegten Netzen. Und als sie wieder an dem Berg ankamen, schien es ihm, daß unter tausenden kaum einer zurückgekommen sei. Jetzt sah dieser Mensch, wie die zurückgekehrten Fische in den von den Felsen herabstürzenden Strömen aus dem Tal wieder von einem Felsen auf den anderen hinaufsprangen. Auf den höchsten Felsen des Berges in den See kamen aber nur sehr wenige; denn viele stürzten wieder herab und fielen sich tot. Die sich aber von ihnen nicht totfielen, sprangen immer wieder in dem herabfallenden Wasser bergauf, und versuchten dies so oft, bis sie über mehrere hohe Felsen hinaufgekommen waren. Zuletzt kamen sie aber, nach großer Anstrengung, an einen sehr hohen Felsen. Da sprach der Mensch: „Innigst Geliebter! Müssen die Fische auch auf diesen Felsen?"

Die Antwort: „Ja, sie haben das von Natur, daß sie nicht ablassen und eher ihr Leben wagen, bis sie wieder in ihren Ursprung kommen."

Der Mensch sah, daß auch viele, die so gerne auf diesem hohen Felsen gewesen wären, und daher immer an demselben aufsprangen, ihr Leben wagten. So oft sie aber aufsprangen, fielen die meisten wieder zurück, und einige auf den untersten Felsen, die sich totfielen. Nur sehr wenige kamen auf diesen hohen Felsen, und die darauf kamen, begaben sich von hier in den See des Gebirges, und waren da wieder in ihrem Ursprung. Sie schienen aber so entkräftet, als vermöchten sie nichts mehr.

Der Mensch: „Mein innigst Geliebter! Woher kommt dies, daß die wenigen Fische, welche auf den höchsten Felsen gekommen sind, so entkräftet scheinen, als vermöchten sie nichts mehr?"

Die Antwort: „Das kommt daher, weil sie sich durch das Aufsteigen so sehr abgemüht haben. Nun sind sie aber über die Erreichung ihres Ursprungs so froh, daß sie vor Freude bald erstarken werden. Und so wenige ihrer auch sind, so werden sie doch so fruchtbar, daß sie alle Wasser auf diesem Gebirge reichlich erfüllen werden. Du siehst auch, daß alle Fische, welche den höchsten Gipfel des Gebirges wieder erreicht haben, anders gefärbt worden sind. Sobald sie aber in ihren Ursprung gelangen, wird ihnen auch ein anderer Name gegeben."

3. Kapitel.

Von dem sündhaften Zustand der Christenheit.

DER Mensch sprach: „Innigst Geliebter! Was bedeuten denn diese wunderbaren Vorstellungen?"

Die Antwort: „Daraus sollst du erkennen, wie sündhaft man zu dieser Zeit lebt, und wie gefährlich es um die Christenheit steht."

Der Mensch antwortete, vom tiefsten Schrecken ergriffen: „Ach, mein innigst Geliebter! Ich bitte dich aus dem Innersten meines Herzens und meiner Seele, laß mich des bittersten, schmählichsten Todes sterben, den du nie über einen Menschen verhängt hast, und erbarme dich der armen Christenheit."

Die Antwort: „Nein, das soll nicht geschehen. Du siehst ja doch wohl, wie wenig es nützt, daß Gott selbst für sie gestorben ist. Was würde dein Sterben fruchten?"

Der Mensch: „Ich hoffe, o Herr, daß dein Tod doch noch einige Menschen rette."

Die Antwort: „Eine weit geringere Zahl, als man in dieser sündhaften Zeit glaubt."

Der Mensch: „Ich glaube, die Christen würden nicht so leben, wenn sie wüßten, daß ihr Wandel so sündhaft ist."

Die Antwort: „Damit können sie sich nicht entschuldigen. Denn von dem Augenblick an, als der Mensch zum Gebrauch der Vernunft gelangt ist, ist er auch verpflichtet, die Lehren des Christentums vollkommen kennenzulernen, und sie zu befolgen."

Der Mensch: „Ach, innigst Geliebter! Das sind furchtbare Worte, womit du den jetzigen Zustand der Christen bezeichnest."

Die Antwort: „Du sollst es selbst bald sehen, wie sündhaft jetzt die Christenheit ist, und wie die Menschen dieser Zeit wider alle Ordnung leben, und die Furcht Gottes ganz außer acht setzen."

Der Mensch: „Mein Geliebter! Wenn es möglich ist, so laß mich dies nicht sehen; denn es greift mich schon sehr an, wenn ich an das denke, was ich selbst schon weiß."

Die Antwort: „Es muß sein. Du sollst nicht nur die törichten, sondern auch die gutscheinenden und gutwilligen Menschen sehen, in welchen Schlingen sie noch gefangen sind, und woran sie noch hängen, daß sie nicht vorwärts kommen."

Der Mensch: „Mein innigst Geliebter! Tue in allem, was du willst."

4. Kapitel.

Von einem hohen, großen Berg, mit neun immer höher stehenden
Felsen, und den darauf wohnenden Christen.

DIE Antwort sprach: „Öffne deine innerlichen Augen und sieh, wo du bist."

In demselben Augenblick sah der Mensch sich in ein sehr weit entlegenes Tal versetzt am Fuß eines furchtbar hohen Berges, dessen Haupt den Himmel zu berühren schien. Und diesen großen, hohen Berg bildeten neun sehr hohe und breite Felsen, von denen immer einer über dem anderen lag, und auf jedem dieser Felsen wohnten Menschen. Und er sah, daß alle, so viele ihrer waren, von oben auf die Erde herabfielen, und nun ihre Gestalt schwarz, wie eine Kohle ward, die doch auf dem Berg so ungemein schön anzusehen war, daß sein Auge ihren Glanz kaum ertragen konnte. Da sprach er zum Herrn: „Ach innigst Geliebter! Was bedeutet dieses wunderbare Ereignis."

Die Antwort: „So schön und liebenswürdig sind die Seelen der Menschen nach ihrer Erschaffung nach dem Ebenbild Gottes. Sobald aber, nach dem von Gott angeordneten Lauf der Natur, der menschliche Leib in einer Mutter empfangen worden und Gott zu seiner Zeit die edle Seele in denselben ausgießt; so wird sie, so schön sie aus ihrem Ursprung kommt, im Kind durch die Erbsünde auf der Erde so entstellt."

Der Mensch: „Was bedeutet denn dieser hohe Berg und die an ihm liegenden furchtbar hohen Felsen?"

Die Antwort: „Dies alles wird dir später noch gezeigt werden; jetzt aber sieh, wie gefährlich es mit der Christenheit stehe, und wie sündhaft alle Menschen bis auf gar wenige leben; wie alle christliche Ordnung verschwunden und verkehrt ist, und wie wenige Menschen zu dieser Zeit leben, die in keinem Ding sich selbst, sondern nur die Ehre Gottes suchen und meinen."

Auch ließ diesen Menschen Gott ganz unbekannte heimliche Sünden sehen, die er sich nicht zu nennen getraut, um die Menschen nicht zu ärgern. Darüber erschrak er so sehr und ward er von so innigem Mitleid ergriffen, daß er die hellen Tränen weinte und so erkrankte, daß es ihm schien, er müsse sterben. Als er aber wieder zu sich selber kam, stärkte ihn Gott mit übernatürlicher Kraft. Da stand er auf, warf sich mit kreuzweise geschlossenen Händen auf die Erde und sprach: „Du allein Liebenswürdiger, inngst Geliebter! O wie gerne wollte ich Leib und Seele für die Christen hingeben, um dich zur Erbarmung und sie zur Besserung zu bewegen."

Die Antwort: „Was könnte dies nützen? Hat doch Gott all sein Blut vergossen und den schmachvollsten Tod gelitten, und ist alles fruchtlos an den jetzt lebenden Christen; denn in ihrem Herzen haben sie seiner ganz vergessen, und in ihrem Mund führen sie seinen Namen nur zu seiner Beleidigung im Schwören und Fluchen."

Der Mensch: „Innigst Geliebter! Um deines bitteren Todes willen erbarme dich über die Christenheit!"

Die Antwort: „Soll Gott ihrer noch länger schonen? Du hast ja selbst gesehen, wie sündhaft ohne alle Gottesfurcht jetzt die Christen leben. Ihr Tun und Lassen ist ganz gegen die Lehre des Christentums. Sieh, wer lebt noch, wie von den Aposteln ist gelehrt worden?"

Der Mensch: „Ach, innigst Geliebter! Erbarme dich über die heilige Christenheit!"

Die Antwort: „Du bittest für die heilige Christenheit. Sage mir, wie heilig die Menschen sind, die in der jetzigen Christenheit leben! Sieh an die geistlichen und weltlichen Stände. Ich will dich zuerst auf die aufmerksam machen, welche auf die höchste Stufe gestellt sind."

5. Kapitel.

Von den Päpsten.

DIE Antwort: „Sage mir, hast du seit mehreren Jahren viele Päpste gesehen, welche sind heilig gesprochen worden, wie in früheren Zeiten, als sie noch in großer Heiligkeit vor Gott wandelten?"

Der Mensch: „Ach, innigster Geliebter! Worin liegt denn die Ursache?"

Die Antwort: „Die vormaligen Päpste, welche heilig gesprochen wurden, führten ein ganz anderes Leben, als die jetzigen. Damals war es ihre angelegenste Sorge, wie sie der Christenheit mit allen möglichen leiblichen und geistlichen Gütern hilfreich werden könnten. Sie waren ohne Eigenliebe und Selbstgesuch; denn sie sahen in all ihrem Tun und Lassen vor allem auf Gottes Ehre und das Heil der Christenheit. Sie sahen nicht auf Freunde, noch auf Ehre oder zeitliches Gut; ihr ganzes Gemüt war dabei nur auf Gott gerichtet, sie wollten nur, was Gott will, und würden eher den schmählichsten Tod gelitten, als gegen den Willen Gottes gehandelt haben, was denn auch von einigen geschah. Sieh, jetzt ist aber das Licht rechter Ordnung in ihnen erloschen. Überzeuge dich selbst, ob sie auf etwas mehr sehen, als auf ihren eigenen Vorteil, auf die Erhaltung ihrer Ehre und auf den Erwerb eines großen Vermögens, um ihre leiblichen Verwandten bereichern und zu ehrenvollen Ämtern erheben zu können. Denn, anstatt die Ehre Gottes und das Heil der Christenheit aus ganzem Herzen zu wollen, suchen sie in ihrem Tun und Lassen sich selbst und das Ihrige. Und darin liegt der Grund, warum sie nicht mehr heilig gesprochen werden."

6. Kapitel.

Von den Kardinälen.

DIE Antwort: „Und nun sieh, wie jetziger Zeit die Kardinäle leben. Bemerkst du etwas, wie sie danach streben, daß Gott seine Gnade in sie gießen und seine verborgenen Werke in ihnen wirken möchte? Sie sind von Hoffart und Geiz so sehr verblendet, daß ihr Streben nur dahin geht, wie sie ihren Verwandten zu großen weltlichen Ehren verhelfen, und im Fall ein Papst stirbt, zur päpstlichen Würde gelangen können. In früheren Zeiten erschraken alle Kardinäle, wenn ein Papst starb, aus Furcht, daß, nach Gottes Anordnung, auf sie die Wahl fallen könnte. Und diese Demut kam aus dem guten Grund, weil sie sich einer so hohen Würde unwürdig hielten. Und mußte man einen Papst wählen, so warfen sie sich mit allen Freunden Gottes ihm zu Füßen, mit der Bitte, daß er zu seiner Ehre und nach seinem Wohlgefallen ihnen einen geben möchte. Und dies geschah, weil sie nichts als die Ehre Gottes suchten. Wo findet man diese Gesinnung zu jetziger Zeit? Ihrer ist ganz vergessen. Die von den Menschen geschehene Wahl der Päpste soll, wie vormals, nur die göttliche Berufung aussprechen."

7. Kapitel.

Von den Bischöfen.

DIE Antwort: „Nun sieh die Bischöfe an, wie die jetzt leben. Sie sollten Tag und Nacht besorgt sein, ihren Untergebenen mit Rat und Lehre beizustehen, damit sie in jeder Glaubenslehre unterrichtet und im christlichen Wandel befestigt würden. Und wo sie das nicht selbst können, da sollten sie zu diesem Geschäft solche zu Lehrern erwählen und bevollmächtigen, welche die Lehre des Christentums selbst befolgen. Sie sollten ein so reines, keusches Leben führen, daß alle durch ihr Beispiel erbaut würden. Alles sollten sie aus Liebe Gottes tun und vor allem nur seine Ehre suchen, und nicht sich selbst. Dieser Absicht wird aber ganz vergessen, denn sie lieben und suchen Ehre und Gut, weltliche Gewalt und den Nutzen ihrer Verwandten mehr, als das Heil der Seelen, für welche Gott sein Blut vergossen hat, und die ihnen doch empfohlen sind. Wie unverantwortlich, wenn ein Bistum erledigt ist, danach geworben wird, ist Gott bekannt, und darum, weil es zu einer solchen Gewohnheit gekommen ist, läßt Gott geschehen, was geschieht. In früheren Zeiten mußte Gott jene, die zum Bischof erwählt worden waren, zur Annahme dieses Amtes zwingen, und darum erteilte ihnen auch Gott so viele innerliche Gnaden und wurden sie vor dem Allmächtigen so große Heilige."

8. Kapitel.

Von den Äbten und Äbtissinnen.

DIE Antwort: „Nun sieh, wie man in Klöstern lebt, darin Äbte und Äbtissinnen sind. Stirbt ein Vorsteher, so sind schnell zwei da, die in Streit geraten, weil es jeder sein will, und bringen das Kloster in großen Schaden und leibliche Armut. In früheren Zeiten suchte man das Vorsteheramt auf jede vor Gott erlaubte Weise von sich abzulehnen, und man mußte den Erwählten durch Gehorsam zur Annahme dieses Amtes zwingen. Und mußten sie so dasselbe übernehmen, so zogen sie die Weisesten und Heiligsten zu Rate, und verließen selbst die Klöster, um das Wort Gottes zu predigen."

Der Mensch: „Mein innigst Geliebter! Laß es durch deine Erbarmung wieder so werden."

9. Kapitel.

Von den Beichtvätern.

DIE Antwort: „Sieh nun das Leben der Bettelorden, wie die Beichtväter darin leben, und jene, die Gottes Wort predigen. Wie wenige
werden, gegen den früheren Zeiten, aus ihnen selig gesprochen!"

Der Mensch: „Innigst Geliebter! Ich hoffe, daß noch viele Beichtväter
einen heiligen Wandel führen."

Die Antwort: „Man findet zwar noch biedere Leute unter ihnen;
deren aber, die den wahren, rechten Weg gehen wollen, sind so wenige,
daß es ein Jammer ist. Würden sie früher so gelebt haben, wie jetzt, man
hätte sie weder in den Klöstern wohnen, noch Beichte hören lassen. Die
Welt ist voll Falschheit. Wenn die Leute jetzt einen Beichtvater finden,
der ihnen liebkost und ihre Lebensweise billigt, so loben sie ihn als einen
braven Mann und heißen ihn einen der Schrift Wohlkundigen. So wird
man aber nicht urteilen, wenn es dahin kommt, daß man keine Hoffnung, noch länger zu leben, mehr hat. Jetzt aber spricht man, der
Mensch sei schwach, man müsse nachsichtiger sein, die menschliche
Natur sei nicht mehr so kräftig, wie zuvor. Das ist aber eine irrige Lehre
und Meinung. Gott hat die Natur nicht so geschaffen, daß sie die Sünde
stärkte. Gott verlangt von keinem, daß er mehr tue, als er vermöge. Gott
sprach: *Gehe hin, und sündige nicht mehr*[6], und nicht: *Gehe, und verderbe
die Natur und dich selbst.* Er hieß die Menschen ihr Kreuz auf sich
nehmen; damit meinte er, sie sollten tun, was sie vermögen, und nicht
mehr. Wo findet man jetzt Beichtväter, die nicht sich selbst und ihren
Vorteil suchen? Daher geschieht es, daß die Beichtväter zuerst in die
Grube fallen, und dann jene, die sich von ihnen, in was immer für einem
Stande, auf einen so falschen, lockeren Weg führen lassen. Darum soll
kein Beichtvater, wenn er auch aus dem Bettelorden ist, nachsichtiger

---

[6] S. Joh. 8, 11.

sein; er soll weder im Beichtstuhl, noch auf der Predigtkanzel die Wahrheit verschweigen, sollte es dabei auch darauf ankommen, sein Leben zu erhalten oder zu verlieren."

10. Kapitel.

Von den Predigern.

DIE Antwort: „Sieh aber, wo sind die Prediger, die sich getrauen, die jetzt in der Christenheit herrschenden Laster auf der Kanzel freimütig und offen zu strafen? Welche die Leute vor ihnen ernstlich warnen, und zur Ehre Gottes ihr Leben der Gefahr aussetzen?"

Der Mensch: „Ach, die Prediger meinen vielleicht, daß ja auch damals öfters mit Zurückhaltung gepredigt wurde, als du auf Erden wandeltest."

Die Antwort: „Dies geschah allerdings, aber nur deswegen, weil meine Zeit noch nicht gekommen war, wo ich den Tod erdulden wollte. Als aber diese Zeit kam, predigte ich die Wahrheit mit aller Freimütigkeit. Gott will, daß man die Wahrheit unumwunden predige."

Der Mensch: „Ach, innigst Geliebter! Die Prediger meinen vielleicht, die Leute würden, wenn sie die Wahrheit in ihrer Blöße sagten, ihre Predigten fliehen, und ein Zuhörer nach dem anderen sie verlassen."

Die Antwort: „Gott wäre es lieber, daß man in diesen sündhaften Zeiten die Wahrheit offen sagte, worin nämlich ihr sündiges Verderben und dessen Ursachen bestehen, als daß man es verschweigt. Ein einziger Mensch, der den rechten Weg ginge, wäre Gott lieber, als 100.000 andere. Auch den Menschen wäre es weit nützlicher und heilsamer, wenn sie die Wahrheit wüßten, damit sie in Furcht und Zittern ihr Heil wirkten; so aber glauben sie recht zu gehen, und wandeln auf dem Weg des Verderbens."

Der Mensch: „Innigst Geliebter! Ich hoffe doch, daß es noch Prediger gibt, die um der Wahrheit willen ihr Leben der Gefahr aussetzen."

Die Antwort: „Solcher sind aber so wenige, daß es nicht gut wäre, ihre Zahl zu wissen. Und darum werden auch, gegen vormals, ihrer so wenige selig gesprochen."

Der Mensch: „Ach, innigst Geliebter! Erbarme Dich der Christenheit."

11. Kapitel.

Von den Frauenklöstern.

DIE Antwort: „Siehe, wie man jetzt in den Frauenklöstern lebt. In früheren Zeiten führten die Klosterfrauen ein ernstes bußfertiges und innerlich geistiges Leben. Wer sie nur immer sah oder mit ihnen redete, der fühlte sich sehr beschämt und erbaut. Jetzt ist es aber dahin gekommen, daß ein wahrhaft guter, innerlicher Christ, wegen ihren Gebärden, Gesprächen und ihrem bösen Wandel, vor ihnen flieht. Denn ihr Wandel ist nicht eingezogen, noch wachsam und so tugendhaft, daß man durch sie erbaut würde. Die Klosterfrauen haben des wahrhaften, innerlichen, göttlichen Ernstes vergessen. Sie singen wohl, und beten auch wohl viel mit dem Mund, aber ihre Herzen sind sehr fern von Gott. Ich muß dir klagen, es ist so weit gekommen, daß sie über einen Menschen, dem es wirklich ernst ist, sich aus ganzem Herzen der ewigen Wahrheit zu ergeben, spotten, und ihn und seinen Wandel zu verdächtigen suchen. Und das geschieht nicht nur in Frauen-, sondern auch in Männerklöstern. Wisse, alle, die in Klöstern den frommen Wandel anderer verleumden, es sei heimlich oder öffentlich, rücklings oder im Angesicht, sollen sich sehr fürchten; obgleich sie vor der Welt den Namen eines Geistlichen haben, so heißen sie doch vor Gott Zerstörer seines Reiches; denn sie verstoßen ihn.

Nur wenige sind in weiblichen Klöstern ausgenommen, die nicht, was sie durch ernstliche Selbstprüfung leicht selbst wahrnehmen könnten, von irgend etwas gefesselt sind, wodurch sie Gott durch schwere Sünden beleidigen. Einige sind Sklaven des Geizes und der Hoffart, andere des heftigen Zornes und des Ungehorsams, und wieder andere der Unkeuschheit. Zwar versündigen sie sich nicht durch äußerliche unkeusche Werke, sie begehen aber doch große Sünden wider die Reinigkeit auf mancherlei Weise, in den Sinnen durch unreine Liebesempfindungen, mit dem Willen durch Hingebung an die Geschöpfe und durch Abwendung derselben von Gott durch Erregung einer sinnlichen Liebesneigung, durch schmeichelnde Worte, durch Üppigkeit der Kleider, durch hoffärtige weltliche Gebärdung, durch zu vertraulichen Umgang; auch beflecken sich einige mit heimlichen Sünden, die man nicht wohl nennen darf. Die dies tun, wissen wohl, was ich meine. Es werden so manche Sünden, heimlich und öffentlich, in den Frauenklöstern begangen, daß es um sie sehr gefährlich steht. Der rechte Weg eines inwendigen göttlichen Ernstes und lauteren, bloßen Gottmeinens und Liebens ist unter ihnen fast ganz verödet, und des vormaligen innerlichen vertraulichen Umganges mit Gott beinahe ganz vergessen, daher ihnen auch diese Gnade entzogen ist. Und darum werden ihrer jetzt so wenige heilig gegen vormals, wo viele zu großer Heiligkeit gelangt sind.“

Der Mensch: „Ach, innigst Geliebter! Wie betrübt mich das Verderben dieser Frauen, da sie doch vor allem in den Orden aufgenommen sind, daß sie bei dir allein ihren Trost suchen sollten.“

Die Antwort: „Nicht weniger ist auch in den Männerklöstern fast alle geistliche Ordnung verschwunden, sowohl in den Bettel- als anderen Orden.“

Der Mensch: „Ach, mein innigst Geliebter! Ich hoffe doch, daß man noch Klöster finde, in denen ein ernstes, innerliches Leben geführt wird.“

Die Antwort: „Das ist wohl wahr; aber solche Klöster, wo ein wahrhaft geistliches Leben geführt wird, findet man so wenige, daß es nicht genug bedauert werden kann.“

Der Mensch: „Ach, innigst Geliebter! Wie sehr erschreckt und betrübt mich dies. Erbarme dich ihrer!"

12. Kapitel.

Von den Weltpriestern.

DIE Antwort: „Nun sieh, wie die Weltpriester ihr Gut verschwenden, wie sie ihre Einkünfte, die sie von den Gaben, die Gott dargebracht werden, empfangen, mit Hoffart, mit Prassen und in Unkeuschheit schändlich verzehren. Siehe, wie ungeistlich gekleidet sie zur jetzigen Zeit herumgehen, und wie ausgelassen sie sich gebärden. Siehe, wie wegen ihres Mißbrauchs des Gutes frommer Stiftungen die Seelen im Fegefeuer brennen müssen; wie wenig sich alle, nach ihrer Würde und der ihnen gebührenden Ehrerbietigkeit, selbst achten und danach betragen; wie so wenig in ihrem Tun und Lassen eine innige Liebe Gottes beabsichtigt wird. Denn das ernstliche Verlangen nach inniger Vereinigung mit Gott ist in ihnen ganz erstorben und verschwunden. Daher sie bei den gottesdienstlichen Verrichtungen so wenig innere Andacht fühlen, als ob sie dieselben nicht angingen; denn sie denken dabei nicht an Gott und an das Heil der Seele, sondern nur auf den Erwerb großer Erträgnisse und einer in die Augen fallenden Geschicklichkeit, um vor Geistlichen und Weltlichen großen Schein und den Ruhm der Beredsamkeit und eines vortrefflichen Funktionärs zu erhalten. Ihre Absicht geht mehr darauf, wie sie den Leuten gefallen, als daß sie dabei Gottes inne werden und innerlich die Wirkungen seiner Gnade erfahren. Darum nimmt Gott ihnen die Gnade, die sie besitzen, und gibt sie einem anderen."

Der Mensch: „Das ist wunderbar! Nimmst du dem, der wenig hat, und gibst dem, der viel hat?"

Die Antwort: „Wenn die Gnade, die Gott gibt, törichterweise nicht benützt wird, so nimmt er sie und gibt sie dem, der viel hat, und sie mit Liebe und Ernst bewahrt."

Der Mensch: „Ach, innigst Geliebter! Ewigen Dank dir, daß du noch jemand hast, der deiner Gnade empfänglich ist, und sie wohl benützt."

Die Antwort: „Wisse, daß derer recht wenige sind; würde es ihrer gar keine mehr geben, so müßte die Christenheit bald ganz aufhören."

Der Mensch: „Du einzige Liebe meines Herzens, laß dies durch deine Erbarmung nicht geschehen! Könnte ich darum meines Herzens Blut aus den Augen weinen, ich würde es gerne tun."

Die Antwort: „Das wäre gut, wenn es etwas helfen würde."

13. Kapitel.

Von den Ordensschwestern der dritten Regel des heiligen Franziskus.

DIE Antwort: „Nun sieh, wie weit die Schwestern des dritten Ordens jetzt von ihrem vormaligen inneren Ernst in ihrem Leben abgekommen sind. Ihre Gedanken sind nur auf den Gewinn von Geld und Gut, auf schöne Häuser, auf reichlichen Hausrat und Gesinde, das ihrer mit aller Sorgfalt pflege, auf schöne, gutgefärbte Kleider, feine Tücher und auf Ansehen gerichtet, um von allen geehrt und ausgezeichnet zu werden. Vergessen aber haben sie, ernstlich nach innerer Heiligung zu streben, den innerlichen Wirkungen der göttlichen Gnade nicht zu widerstehen, und sich ganz Gott zu ergeben. Anstatt die Einsamkeit zu lieben, laufen und rennen sie bald da, bald dorthin. Die Zahl der noch besseren unter ihnen ist so klein, daß es nicht genug beklagt werden kann. Der Beweggrund ihres Lebens und Wirkens ist gewöhnlich nur Eigenliebe, woher es denn auch kommt, daß sie ihre angenommene Lebensweise nicht verlassen wollen. Vormals hatten sie einen recht beugsamen, einfältigen, frommen Sinn, und ein nur das Gute liebendes Herz; daher ihnen denn auch Gott besondere innerliche Gnaden erteilte und große verborgene Dinge in ihnen wirkte."

Der Mensch: „Innigst Geliebter! Verzeihe, daß dir nicht alle Menschen mit Verleugnung ihres eigenen Willens gehorsam sind."

14. Kapitel.

Von den Ordensbrüdern der dritten Regel des heiligen Franziskus.

DIE Antwort: „Nun sieh, wie auch die Brüder des dritten Ordens Irrwege laufen, und des rechten, inwendigen, wahren Weges vergessen haben. Man findet wohl einige, die noch auf dem rechten Wege wandeln, aber ihrer sind gar wenige. Würde Gott des vielen vernünftelnden Geschwätzes willen seine Gnade in sie eingießen; so würden sie solche reichlich besitzen. Gott sieht aber nicht auf viele sinnreiche, schöne Worte, sondern auf einen demütigen, unterwürfigen, gelassenen Willen. Daran gebricht es ihnen aber sehr, so wie auch anderen Menschen."

Der Mensch: „Innigst Geliebter! Wüßten dies, die zum geistlichen Stande gezählt werden, ich glaube, sie würden sich darüber sehr betrüben."

Die Antwort: „Du sollst von den Weltlichen noch so viel Unordnung sehen, daß keiner den anderen zu zeihen hat, denn die Schuld liegt auf einem jeden."

15. Kapitel.

Von Kaisern und Königen.

DIE Antwort: „Sieh an die große, gewaltige Hoffart der Kaiser und Könige und ihrer Frauen. Wenn man vormals einen als König wählen wollte, widersetzten sie sich aus allen Kräften, und hielten sich aus Demut der Herrschaft unwürdig. Und wurde einer zum römischen Kaiser erwählt, so benahm er sich noch demütiger und furchtsamer, und opferte sich aus Liebe mit Leib und Seele, mit Gut und Ehre Gott, sich für einen Knecht Gottes haltend, sorgte für Friede und Wohlfahrt in der Christenheit, und kämpfte heldenmütig für Recht und Gerechtigkeit, selbst mit Aufopferung des Lebens. Sie waren, so wie ihre Frauen, voll inniger Liebe Gottes, und ihr Wandel war in all ihrem Tun und Lassen so demütig, daß Gott mit Freude auf sie herabsah. Von dem allen ist jetzt das Gegenteil. Dies genügt, um zu erkennen, wie sie jetzt in jeder Hinsicht wider alle christliche Ordnung leben, und siehst selbst, wie verwildert, sündhaft und verkehrt ihre Wege sind."

16. Kapitel.

Von den Herzögen, Grafen und Freiherren.

DIE Antwort: „Sieh, wie jetzt die Herzöge, Grafen und Freiherren und ihre Frauen leben. In früheren Zeiten wagten sie Leib und Leben zur Ehre Gottes, um Friede und Wohlfahrt, in der Christenheit und in ihrem Lande herzustellen. Sie waren voll Ehrlichkeit und heiligem Eifer. Ihre Frauen führten einen so züchtigen, demütigen und tugendhaften Wandel, daß sich alle, die um sie waren, es mochten männliche oder weibliche Personen sein, dadurch beschämt und sehr erbaut fühlten. Und war eine Frau leichtsinnig und mutwillig, die nicht in Gottesfurcht leben wollte, so zwang sie ihr Herr Gemahl mit Gottes

Hilfe zu einem ordentlichen Wandel. Damals waren Herren und Frauen voll Liebe Gottes. Nun aber leben sie in allem Mutwillen, den sie erdenken können, ergeben sich der Hoffart und allen anderen Leidenschaften, bedrücken widerrechtlich ihre Untertanen, nehmen ihnen ihr Erworbenes ab, und vertun es zur Beleidigung Gottes mit großer Gefahr ihrer Seele."

Der Mensch: „Innigst Geliebter! Erbarme dich ihrer."

17. Kapitel.

Von den Rittern und Edelleuten.

DIE Antwort: „Nun sieh auf die Ritter und Edelleute, die da Dienstleute und Edelknechte heißen; sieh, wie ärgerlich sie jetzt leben in diesen sündhaften Zeiten. Ihr Gang, ihre Kleidung, der Schnitt derselben sind wider alle Scham und Ehrbarkeit; sie gebärden und betragen sich, sowohl Männer als Frauen, als ob sie wahnsinnig wären, als wahre Toren, ohne alle Bescheidenheit und Gottesfurcht. Statt ritterlicher Zucht überlassen sie sich jedem erdenklichen Mutwillen, den ein verderbtes Herz und der Wohlstand erzeugen können. Sich im Turnier und in der Fechtkunst zu üben, war vormals den Rittern allerdings gestattet, weil es in der Absicht geschah, um in der Not für das Wohl der Christenheit streiten, und Witwen und Waisen schützen zu können. Damals war ihr Wandel so züchtig, gottesfürchtig und demütig, daß man durch dessen Anblick erfreut und sehr erbaut wurde. Die Liebe Gottes war der Beweggrund in all ihrem Tun und Lassen. Durch ein so frommes, tugendhaftes Streben gelangten, obgleich in der Welt lebend, vormals viele Ritter zu großer Heiligkeit vor Gott."

18. Kapitel.

Von den Bürgern.

DIE Antwort: „Sieh, wie die Bürger und Kaufleute in den Städten jetzt leben. Wisse, daß es sehr gefährlich stehe um diese Leute; denn der greulichste Geiz ist in ihnen herrschend geworden, und sie sind von ihm so sehr verblendet, daß sie von dieser qualvollen Leidenschaft kaum vor ihrem Tode los werden. Die Ursache dieses Geizes liegt in dem hoffärtigen Streben, daß immer einer über den anderen sein will. Auf welch sündhafte Weise, mit Gutheißung einiger Beichtväter, ihr Vermögen gewonnen wird, das weiß der, der alle Dinge weiß; ihr Gewissen ist gar weit geworden. – Vormals waren die Bürger und Kaufleute gottesfürchtige und tugendhafte Menschen; sie waren in all ihrem Tun und Lassen gar ruhigen Herzens, ließen sich mit wenigem begnügen, und machten mit ihrem Korn und ihrem Wein keine Teuerung. Und darum wohnte Gott bei ihnen; denn er fand ihre Herzen nicht, wie jetzt, vom Geiz zerrissen. Wisse, daß Gott in ein geteiltes und verirrtes Herz nicht kommen will und kann; denn er wohnt nur in einem ruhigen Herzen. Wer bis an sein Ende in diesem Geiz verharrt, um den steht es sehr gefährlich. Das wissen und erkennen diese Menschen wohl, und wollen sich doch nicht bessern. Mit dem vor Gott erlaubten, rechtlichen Erwerb zum nötigen Unterhalt für sie und ihre Kinder sollten sie sich begnügen, und damit gottesfürchtig und ordentlich leben, und die Habsucht nicht überhand nehmen lassen. Nun aber will jeder mehr als der andere und seine Vorfahren besitzen. Daher sind sie so karg gegen Gott und gegen seine Freunde, aber nicht zum Gebrauch gegen seinen Willen zur Hoffart und Weltehre; daher sind sie Tag und Nacht in großen Sorgen, wie sie des Gutes viel gewinnen."

Der Mensch: „Innigst Geliebter!" Was ist wohl die Ursache, daß du manchen Menschen so viele zeitliche Güter verleihst? Ich fürchte, es sei nicht zum Heil ihrer Seele."

Die Antwort: „Wisse, Gott ist so gütig, daß er niemand unbelohnt lassen will. Wenn er sieht, daß des Menschen Herz und Gemüt so ganz auf das Zeitliche gekehrt ist; so lohnt er sein natürliches Gut dadurch, daß er seine Begierde mit den Dingen erfüllt, die der Welt zugehören. Es steht aber sehr gefährlich um diese Menschen, die ihre Zufriedenheit im Besitz des Irdischen suchen."

Der Mensch: „Innigst Geliebter! Erbarme dich über die Christenheit."

19. Kapitel.

Von den Handwerksleuten.

DIE Antwort: „Betrachte die Handwerksleute, wie voll Geiz auch sie sind, und wie sündhaft sie jetzt leben, und wie sie möglichst jenen gleich sein wollen, denen sie Gott untergeordnet hat. Vormals waren die Handwerksleute sehr demütig und voll Herzenseinfalt, auch in ihrer Kleidung und Gebärde; sie waren in allen ihren Handlungen so tugendhaft, daß Gott ihnen sehr hold war. Nun aber steigen sie in ihrer Hoffart so hoch, daß ihnen Gott in keiner Weise inwohnen will; denn Gott wohnt nicht in den Hoffärtigen."

Der Mensch: „Ach, innigst Geliebter! Erbarme dich über sie. Ich meinte immer, daß sie ein gar einfältiges Volk wären."

Die Antwort: „Sie schätzen ihre Arbeit zu hoch, und nehmen zu großen Lohn, und einer reizt den anderen, mehr zu verlangen. Auch beneiden und hassen sie einander auf mancherlei Weise, und tadelt einer des anderen Arbeit."

Der Mensch: „Ach, innigst Geliebter! Erbarme dich über die Christenheit."

20. Kapitel.

Von den Bauern.

DIE Antwort: „Siehe, wie in diesen sündhaften Zeiten die Bauern ihr Vermögen zur Befriedigung ihrer Gelüste mißbrauchen, und ohne alle Gottesfurcht so unwissend, wie das Tier leben. Sie sind, besessen von des Feindes Macht, recht schalkhaft und hoffärtig geworden, und ihr Herz und Gemüt sind im Grunde verdorben. Würde Gott nicht das Gebet seiner Freunde erhören, er würde, ihrer großen Lasterhaftigkeit wegen, ganz anders mit ihnen verfahren."

Der Mensch: „Ach, innigst Geliebter! Vermöchte mein armes Gebet etwas, so würde ich für sie bitten, ihrer noch zu schonen."

Die Antwort: „Gott erträgt sie so lange, bis das Maß der Barmherzigkeit voll ist; dann läßt er alles untergehen. Vormals waren die Bauern so recht gute, einfältige, demütige Leute, daß ihnen Gott gar gnädig und hold war."

Der Mensch: „Ach, innigst Geliebter! Ich weiß nicht mehr, was ich sagen soll, als daß du dich durch deine unendliche Güte über die Christenheit erbarmen wollest."

21. Kapitel.

Von den weltlichen Weibspersonen.

DIE Antwort: „Siehe, wie das weibliche Geschlecht jetzt entartet ist. Wo ist die weibliche Eingezogenheit? Alle Gottesfurcht und jungfräuliche Schamhaftigkeit ist verschwunden. Es sind in dieser sündhaften Zeit so manche Weibspersonen, nach ihrer Weise, viel boshafter und lüsterner zur Sünde, als Mannspersonen. Ich meine nicht die guten, ehrbaren Jungfrauen und Frauen, deren man noch viele in Eingezogenheit und Ehrbarkeit lebend findet; sondern jene, die es mit der

Welt halten, sie mögen geistlichen oder weltlichen Standes sein. Sie suchen in ihren Reden und Handlungen, in ihren Kleidern und Gebärden den Menschen zu gefallen, und verwenden darauf mehr Fleiß als auf das Wohlgefallen Gottes; denn ihre Zeit und ihr Herz und Sinn sind einem Geschöpf gewidmet. Viele Weibspersonen sind zu einer recht räuberischen, höllischen Mördergrube geworden, die Gott langmütig duldet, auf ihre Besserung wartend, und es ist alles fruchtlos. Man soll ihren Wandel ehrbar heißen, und sie sind vor Gott oft unwerter als gemeine, öffentliche Sünderinnen, die in Angst und Furcht sündigen, und nicht aus Frevel, wie diese. Sie sind dem Teufel weit lieber als die öffentlichen Sünderinnen; denn sie sind ihm viel nützlicher. Siehe, wie unkeusch und schamlos sie vor allen Mannspersonen umhergehen. Wären in früheren Zeiten freche, ledige Weibspersonen so entblößt gegangen, gute ehrbare Frauen hätten sich von Grund ihres Herzens geschämt. Schaue sie nur an vom Fuß bis zum Kopf, wie entblößt und schamlos sie gehen, daß sie sich im Herzen und in der Seele vor allen Mannspersonen billig schämen sollten. Welche Reden führen sie vor ihnen; wie sind ihre Kleider, wie ihr Gang, ihre Stellung, ihre Gebärden, wie ihr Tun und Lassen, ihr Blick und alle ihre äußeren Sinne? Wo ist ihre jungfräuliche Scham und Eingezogenheit? Wisse, daß manche Weibsperson durch ein so ärgerliches Benehmen des Tags wohl hundert Todsünden auf sich ladet, und wollen doch für ehrbar gehalten werden, und von allen diesen Sünden, an denen sie doch in der Wahrheit schuldig sind, nichts wissen. Denn wisse, wenn eine Mannsperson eine so leichtsinnige, freche Weibsperson sieht, die vor ihm und anderen so entblößt geht, so kommt leicht eine Begehrlichkeit in sein Herz, mit ihr zu sündigen, wenn sie ihm zu Willen würde. Und so oft dies mit Mutwillen gedacht wird, so viele Sünden werden begangen, obgleich es nicht zum Werk kommt. Aller dieser Sünden sind solche Weibspersonen, gleich ihnen, schuldig, weil sie durch ihr ärgerliches Benehmen die Ursache derselben sind. Und dies geschieht in Kirchen, so wie außer denselben, wo sie immer unter ihre Augen kommen. Geschieht es, daß einer, dessen Begehrlichkeit auf diese Weise gereizt worden, deswegen zu einer Weibsperson geht, die sich jedem hingibt, und mit ihr sich versündigt; so sind sie die Ursache dieser Todsünde, welcher sie so oft teilhaftig sind, als es geschieht, weil sie sich auf eine so unzüchtige Weise ohne Gottesfurcht jedem zur Schau ausgestellt haben. Und nun höre, wie es um sie steht, wenn sie an ihr Ende kommen.

Man reicht ihnen Gottes Leichnam und bereitet sie wohl vor. Während man nun glaubt, es stehe gar wohl um sie, kommt der Teufel, und hält ihnen ihre sündige Torheit vor, bei deren Anblick sie verzweifeln und des ewigen Todes sterben. Dies geschieht bei denen sehr oft, die ihre Zeit mit Ausgelassenheit vertreiben; und die Beichtväter, die mit diesen aus Gefälligkeit nachsichtig sind und es ihnen gestatten, fahren denselben furchtbaren Weg. Wisse, daß einige mit 1.000 Todsünden Gottes Leib empfangen. Wenn sie ein ganzes Jahr in diesem Leichtsinn zugebracht haben, und die Fastenzeit kommt: so gedenken sie dieser fremden Sünden nicht mehr, und sind des ganzen Willens, daß sie, wenn Ostern vorbei sein wird, leben wollen, wie zuvor. Dazu behalten sie auch ihre vormaligen, dazu gehörigen Kleider, und allen anderen Schmuck. Es wäre solchen besser und nützlicher, es führen 100.000 Teufel in sie, als daß sie ihren Gott in tödlichen Sünden empfangen. Bedenke, wie dir wohl wäre, obgleich du nur eine arme Kreatur bist, wenn dich jemand in sein Haus laden, und dich dann an einen unreinen, stinkenden Ort setzen würde?"

Der Mensch: „Ach, innigst Geliebter! Erbarme dich über die Christenheit."

22. Kapitel.

Von den Eheleuten.

DIE Antwort: „Nun sieh, was aus dem heiligen Ehestand geworden ist. Wisse, der größte Teil der jetzt lebenden Menschen macht die heilige Ehe zu einer Mistgrube; denn sie leben darin wie das Vieh, indem sie jeden Mutwillen und jede Wollust für erlaubt halten, die ihre tierische Natur erzeugt und fähig ist. Sie leben wider alle Ordnung und Regel der heiligen Ehe, und wider alle Bescheidenheit. Gott hat die Ehe nicht eingesetzt in der Meinung, daß man leben soll nach der Lust der verderbten Natur, sondern daß man ein heiliges, enthaltsames, tugendhaftes Leben führe in der von Gott eingesetzten rechten Ordnung und Weise. Wer die heilige Ehe so hielte, wie sie von Gott eingesetzt worden, dessen Geist und Leib würden dadurch bei ihren gesunden Kräften erhalten werden; denn Gott ist in seinen Anordnungen nicht ein Zerstörer, sondern ein Erhalter der Natur. Weil nun aber so vieles gegen das Gesetz und die Ordnung der heiligen Ehe geschieht; so ist die menschliche Natur so verdorben und entkräftet, und der größte Teil der Menschen voll Unflats und Unkeuschheit geworden, so daß kaum jemand ist, in und außer dem Ehestand, selbst unter Geistlichen und Laien, Mönchen und Nonnen, der sich nicht auf irgendeine Weise durch die Unkeuschheit befleckt, wenn nicht in Werken, doch auf eine andere Art, sei es durch einen ärgernisgebenden Wandel oder durch Unreine Gedanken und Begierden. Wollte Gott, wie zu Noahs Zeiten die Welt der Sünden wegen untergehen lassen: so müßte dies täglich und stündlich geschehen, wovon aber ein Vorzeichen in kurzer Zeit erfolgen wird.[7] Gott hat auch die Menschen in den letzten Zeiten freundlich und liebreich gewarnt

---

[7] Dies geschah durch die nach Seuses Tod herrschende Weltseuche, der *Schwarze Tod* genannt, wobei über zweimal 100.000 Städte, Marktflecken und Dörfer ausgestorben sind, unter dem deutschen Kaiser Karl IV., der schon im Jahre 1346 gewählt ward, und 1348 den Thron bestieg, und bis 1376 regierte.

durch die Pest und andere Zeichen, es half aber gar wenig; denn man nahm es so wenig zu Herzen, daß man alles so vergessen hat, als wäre es vor 1.000 Jahren geschehen. Die Christen werden von Tag zu Tag sündhafter. Wisse, wird Gott es nicht länger mehr ansehen wollen; so wird er verhängen, daß ein Mensch den anderen ermordet. Ein jeder bestrebt sich, über den anderen sich zu erheben, jeder ist zum Schlagen und Morden bereit, und durch den herrschenden Stolz und Vernunftdünkel ist es so weit gekommen, daß man die Sünde nicht mehr für Sünde hält. In vielen 100 Jahren waren die Menschen nicht so böse als sie jetzt sind. Es ist für sie nichts notwendiger, als bußfertige Rückkehr zu Gott; denn wenn der Tod kommt, so wendet der Teufel alle Kräfte an, um den Menschen auf jede mögliche Weise ins Verderben zu stürzen. Er hält ihm alle Sünden seines törichten Lebens so greulich vor, daß unglaublich viele Menschen verzweifeln, und auch von solchen Menschen viele verlorengehen, auf deren guten Tod man ein großes Vertrauen setzte. Es gibt Menschen, die Gott so sehr erzürnt haben, daß sie bis an den Jüngsten Tag so große Leiden erdulden müssen, daß sie nicht unterscheiden können, ob sie in der Hölle oder im Fegefeuer sind. Das sind die frevelhaften Sünder, die ihre Besserung bis an ihr Ende verschieben, und denen dann eine kleine Reue wird. Über diese ist Gott so zornig, daß er von ihnen nichts wissen, noch ihrer gedenken will, und auch nicht will, daß seine Freunde für sie hier bitten. Wisse, daß es um die Menschen viel anders und furchtbarer stehe, als man meint. Die Teufel gebrauchen alle Gewalt, um den Menschen an seinem Ende zu hindern. Alle Gewalt aber, die sie haben, erhalten sie von der Sünde. Willst du wissen, was die Ursache an der Ermordung der Juden ist?"[8]

Der Mensch: „Einzige Liebe meines Herzens! Was verursachte sie denn?"

Die Antwort: „Das tat der Geiz der Christen und der Juden heimliche Sünden. Diese zwei Ursachen erschlugen die Juden. Wollte Gott die

---

[8] Bei der großen Judenverfolgung jener Zeit.

Christen wegen ihren heimlichen und offenbaren Sünden mit dem Tode strafen, er würde nichts anderes mehr tun, was wohl auch in kurzem geschehen wird.

Bedenke, wie tief die Menschen versunken sind in die Laster der Unkeuschheit, der Hoffart und des Geizes, die Gott besonders haßt; denn sie sind eine Ursache des Neides, des Hasses und gewöhnlich aller anderen Sünden. Und dieser Laster sind voll Städte und Klöster, Geistliche und Weltliche, Priester und Laien. Niemand darf die Ursache hiervon auf den anderen legen: die Schuld muß sich jeder selbst zuschreiben. Nähme jeder mit Fleiß selbst seiner wahr, er würde mit sich selbst so viel zu tun haben, daß er eines anderen wohl vergesse. Wisse, der himmlische Vater wird ohne Unterlaß erzürnt, weil die Christenheit seines Sohnes und aller christlichen Ordnung vergessen hat. Bessern sich die Christen nicht; so wird geschehen, daß der Vater die Gerechtigkeit über seine Barmherzigkeit wird walten lassen, und alle seine Feinde werden schweigen müssen, bis er seinen Sohn gerächt haben wird."

Der Mensch: „Ach, du einzige Liebe meines Herzens! Mein Herz zittert im tiefsten Grund über diese Worte. Ich bin so angegriffen, daß mich dünkt, ich müsse unterliegen. Wäre es dein Wille, dies wäre mir auch lieb."

Die Antwort: „Nein, du mußt noch mehr sehen."

Der Mensch: „Innigst Geliebter, dein Wille geschehe!"

NUN beginnt die Erklärung von den *neun Felsen.* Wer nicht auf einem dieser Felsen wohnt, kann nicht zu Gott kommen. Wer aber noch in dieser Lebenszeit dahin gelangen will, daß er in den Ursprung sehe, woher die Seele gekommen ist, der muß sich mit einem mutigen, unverzagten Gemüt über alle diese hohen Felsen bis auf den obersten erheben, wo ihm dann der fernere Weg gezeigt werden wird. Wahrlich, der wäre ein edler Mensch, welcher sich auf diesen felsigen, hohen Berg bemühen wollte. Er würde in diesem Leben über alle seine Feinde siegen, und in dem ewigen Leben ein großer Heiliger werden.

23. Kapitel.

Von dem ersten Felsen und den darauf wohnenden Menschen.

DIE Antwort sprach: „Ich sage dir, würdest du dies länger noch haben sehen und hören müssen, du hättest es nicht aushalten können."

Der Mensch: „Es geschehe nicht mein, sondern dein Wille."

Die Antwort: „Öffne deine inneren Augen und sieh, wo du nun bist."

Der Mensch: „Innigst Geliebter! Ich sehe, daß ich wieder an der Stelle bin, wo ich war, am Fuß des hohen Berges, und verlange von dir die Ursache hiervon zu wissen."

Die Antwort sprach: „Siehe, das ist die Ursache, weil die Seelen abfielen in das Tal."

In diesem Augenblick sah er einen so klaren, hellen Glanz, daß er ihn kaum ertragen konnte.

Der Mensch: „Ist das eine Seele, die noch in ihrem Ursprung ist, und also glänzt, wie ich sehe?"

Die Antwort: „Du sollst wissen, ließe dir Gott eine Seele sehen, wie sie in ihrem Ursprung und nach Gott gebildet ist, deine menschliche Natur vermöchte ihren Glanz nicht zu ertragen, noch deine sinnliche Vernunft zu begreifen, was sie sei. Gott hat dich aber die Schönheit der Seele darum sehen lassen, damit du, zum Heil und zur Warnung der Christenheit, sie mit Worten bezeichnen, und ihr beschreiben kannst."

Der Mensch: „Dein Wille geschehe."

Die Antwort: „Öffne deine inwendigen Augen, und schaue über dich."

Der Mensch sah, daß der Berg so furchtbar hoch war, als reichte er an den Himmel, und so lang, daß er an kein Ende sehen konnte. Und es waren neun Felsen an dem Berg, von denen, bis an dessen höchste Höhe, immer einer über dem anderen lag, und ihre wunderbare Größe und Breite war furchtbar anzusehen.

Der Mensch: „Sage mir, innigst Geliebter! Was soll es bedeuten, daß ich zum zweiten Mal diesen großen, furchtbar hohen Berg gesehen habe?"

Die Antwort: „Sieh, was an dem Berg ist, und welche Menschen darauf wohnen."

Der Mensch: „Dein Wille geschehe."

Augenblicklich war der Mensch auf dem niedersten Felsen, und der Fels war so hoch, daß der Mensch mit einem Blick die ganze Erde und Welt übersah. Und er sah, daß vom Fuß dieses Berges an über die ganze Welt, ein furchtbares Netz oder Garn gezogen war.

Der Mensch erschrak darüber sehr und fragte, was dies bedeute.

Die Antwort sprach: „Gott läßt dir in diesem Bild das Verderben der Welt sehen; denn würdest du unverhüllt sehen, wie eng und fest die Welt jetzt in ihren Sünden verstrickt ist, die Natur würde unterliegen."

Der Mensch: „Ich wähnte, ich hätte der Christenheit Sünden schon genug gesehen."

Die Antwort: „Sähest du, welche Sünden die Christen jetzt begehen, an welchem Abgrund und in welcher Gefahr sie stehen, und welch schreckliche große Pein, Marter und Qual sie deswegen leiden müssen, du würdest unterliegen."

Der Mensch: „Innigst Geliebter! Was bedeutet es, daß das Garn nicht über den Berg geht?"

Die Antwort: „Damit wird zu verstehen gegeben, daß die Menschen, die hier wohnen, in der Furcht Gottes und ohne Todsünden leben. Zähle nun die Menschen zusammen, die an diesem Berg wohnen und die unter dem Garn in den Stricken gefangen sind, die doch alle Christen genannt werden."

Der Mensch sah, daß unter Hunderten, die in schweren Sünden gefangen lagen, kaum einer auf dem Berg war ohne Todsünde, und doch alle Christen genannt wurden.

Der Mensch: „Innigst Geliebter! Sind aber der Menschen auf dem ersten Felsen viele, gegen jene, die auf den hohen Felsen wohnen?"

Die Antwort: „Derer sind viel mehr als alle auf den anderen Felsen, die doch größer und weiter sind."

Der Mensch: „Was sind es denn für Menschen, die hier auf dem untersten Felsen wohnen?"

Die Antwort: „Es sind laue, kalte, träge Menschen, und üben sich in keiner großen Selbstverleugnung und Abtötung. Sie haben nicht den Willen, große Sünden zu begehen, und begnügen sich damit bis an ihren Tod. Sie leben also in der sogenannten Einfältigkeit, und es dünkt sie, als bräuchten sie nichts Besseres zu wissen. Wisse aber, daß diese Menschen in sehr großer Gefahr stehen; denn sie sind den Netzen gar nahe."

Der Mensch: „Sage mir, mein Geliebter! Werden diese Menschen nicht gerettet?"

Die Antwort: „Ja, wenn sie bis an den Tod ohne Todsünde bleiben, so werden sie gerettet. Sie stehen aber in großer Gefahr; denn sie wähnen, Gott und der Natur zugleich leben und dienen zu können, was sehr schwer ist. Durch die Länge der Zeit versinkt ein solcher Mensch leicht in den Zustand der Todsünde. Sinkt er nicht so tief, so wird er zwar gerettet; er muß aber unaussprechlich große Angst und Not, und die schrecklichsten Qualen im Fegefeuer leiden, und darin so lange liegen, als Gott es geordnet hat, bis die geringste Sünde auf das Vollkommenste gebüßt, und alles ausgelitten ist; denn die geringste hier gemachte Verschuldung muß bezahlt werden. Und kommt ein solcher Mensch, nach dieser Pein, in den Himmel; so ist sein Lohn gar klein gegen andere gute Menschen; weil auch seine Arbeit, Verleugnung und Liebe zu Gott klein gewesen sind."

Und der Mensch sah, daß viele von den auf dem ersten Felsen wohnenden Menschen abgestoßen wurden, und unter die Netze fielen.

Der Mensch: „Mein Geliebter! Wie kommt dies, daß diese so schnell hinabgestoßen werden?"

Die Antwort: „Sie sind in Todsünden gefallen, und solche erduldet dieser Fels nicht mehr."

Auch sah der Mensch, daß an vielen Orten des Garns Menschen herausragten, die schwarz und gelb waren, als ob sie lange tot unter der Erde gelegen hätten.

Der Mensch: „Mein Geliebter! Was bedeutet dies Gesicht?"

Die Antwort: „Das sind Menschen, die in Todsünden, in den Netzen in der Macht des Feindes gelegen sind, denen nun eine Reue geworden ist. Der Teufel hat nun keine Gewalt mehr über sie, und muß sie aus den Netzen lassen."

Der Mensch: „Warum haben denn aber diese Menschen die Todesfarbe."

Die Antwort: „Weil ihre Reue mit der Beichte und Buße noch nicht vollbracht ist; wenn dies geschehen sein wird, dann werden sie wie die, welche auf diesem Felsen wohnen."

Hierauf sah dieser Mensch, daß auf diesem Felsen viele leutselige, blühende Menschen waren, Jungfrauen und Jünglinge, Männer und Frauen, Geistliche und Laien, Mönche und Nonnen, von allerlei Völkern in der ganzen Christenheit. Unter diesen jungen, leutseligen Menschen waren viele blühender und fröhlicher als die anderen, diese liefen alle unter die Netze.

Der Mensch: „Was bedeutet es, daß diese Menschen so schnell unter das Garn laufen?"

Die Antwort: „Erinnere dich nun an das Gleichnis der Fische, die von ihrem hohen Ursprung, von dem Berg, abfielen und durch alle Welt liefen, und von denen so viele unterwegs in den überall ausgestellten Netzen gefangen wurden. Mit diesem Gleichnis meint Gott diese jungen Menschen, die so schnell unter das Garn laufen. Das sind die jungen Menschen, welche, sobald sie zu ihrem Vernunftgebrauch kommen, wo sie sich zu ihrem Ursprung kehren sollten, wie die törichten Fische tun, ihrer Natur folgen, und aus freiem Willen unter das Garn dieser falschen Welt fallen, die der Feind voll Fallstricke gelegt hat. Dabei tun die Feinde alles mögliche, um die Menschen hier in ihre Netze zu jagen."

Der Mensch: „Ich sehe wohl, daß niemand ihnen entgehen wird, wenn er nicht mit einem unverzagten Gemüt sich ganz davon abwendet."

Die Antwort: „Das ist sicher wahr. Nun sieh aber, wie die jungen Leute freiwillig unter das Garn gehen. Je weiter sie darin fortgehen, je tiefer verstricken sie sich in die Netze; um so größer ist der Schaden und die Gefahr, weil es ihnen menschlicherweise immer unmöglicher wird, aus denselben herauszukommen. Sie leben wie das Tier, das ohne Vernunft ist, und nur das, was ihm gegenwärtig ist, liebt."

Die Antwort sprach: „Nun sieh!"

Der Mensch sah auf, und erblickte auf dem ersten Felsen eine junge Tochter von 14 Jahren, welche an einem Seil einen gar geistlichen Herrn führte; neben ihm gingen ein ehrbarer weltlicher Mann und eine ebenso ehrbare Frau, denen wieder zwei Frauen nachfolgten, alle an dasselbe Seil gebunden. Die Tochter ging voraus und zog alle mit sich unter das Garn.

Der Mensch: „Innigst Geliebter? Was bedeutet dieß?"

Die Antwort: „Dieser weltliche Mann und diese Frau waren ehrbare Leute und lebten lange ohne Todsünde in der Furcht Gottes. Als nun diese ihre älteste Tochter zum Gebrauch ihrer Vernunft kam, sah sie unter dem Garn die Üppigkeit der falschen Weltfreude, und verlangte auch dahin zu gehen. Sie sagte daher zu ihren Eltern, sie wolle auch tun und haben, wie andere Töchter ihresgleichen. Es wäre die Pflicht der Eltern gewesen, ihre Tochter von Jugend auf zur Liebe Gottes zu erziehen, was sie aber nicht getan haben. Und nun gingen sie zu ihrem

Beichtvater, um ihn zu fragen, ob sie dem Verlangen der Tochter will-fahren dürften. Dieser, um die Freundschaft solcher reicher Leute nicht zu verlieren, erlaubte es ihnen und sagte: Es wäre nun so Sitte, auch ihre Voreltern hätten dies getan, und setzte hinzu, daß solche Hoffart unschädlich wäre; er beherzigte nicht, daß Luzifer und alle seine Ge-nossen wegen der Hoffart von Gott verstoßen worden seien. Das ist nun die Ursache, warum die junge Tochter den Beichtvater zuerst, und dann Vater und Mutter nach sich unter das Garn zieht. Die zwei anderen Frauen folgten ihrem Beispiel, und gingen so auch mit ihr unter das Garn."

Die Antwort: „Du mußt, nun weiter bis an das Ende des Felsens."

Als der Mensch dahin kam, und um sich sah, da schien es ihm, als wäre er am Ende der Welt. Aber mit Entsetzen und Furcht sah er nach unten, und sprach: „Ach, du einzige Liebe! Hilf mir, denn diesen Anblick ver-mag ich nicht zu ertragen. Ich sehe hier ein so greuliches und er-schreckliches Wunder, daß mich dünkt, vor großer bitterlicher Angst wolle mir mein Herz zerspalten. Ohne deine mächtige Hilfe muß ich unterliegen, ich kann es nicht aushalten: ich habe eine so entsetzlich furchtbare Gestalt gesehen, daß es mir unerträglich ist. Es ist eine ungeheuer große Gestalt, die eine große Kette um sich gebunden hat, und eine so große, furchtbare und mächtige Kraft besitzt, daß sie die ganze Welt töten und in den Abgrund ziehen würde, wenn deine grundlose Erbarmung nicht wäre, womit du die Welt beschützest."

Die Antwort: „Wisse, dies hat dich Gott in diesem Bild sehen lassen, um es beschreiben zu können. Würdest du aber in der Wahrheit und an sich sehen, was dadurch sinnbildlich dargestellt wird; so würde, ohne Erhaltung durch Gottes Macht, dein Herz zerspringen, wenn es auch die Kraft von 1.000 Herzen hätte."

Der Mensch: „Ach, innigst Geliebter! Was ist diese Gestalt?"

Die Antwort: „Diese furchtbare Gestalt ist Luzifer. Er hätte wohl die Macht, mit der Kette die ganze Welt nach sich zu ziehen, wenn es einige noch zu dieser Zeit lebende gute Menschen nicht verhindern würden."

Der Mensch: „Du einzige Liebe meines Herzens! Ewiger Dank sei dir, daß noch solche Menschen leben, durch welche die Christenheit erhalten wird."

Die Antwort: „Du sollst sie noch sehen. Ihre Wohnung ist auf dem höchsten Felsen."

Der Mensch: „O über alles Geliebter! Hat der Feind noch große Gewalt über die, welche auf dem untersten Felsen wohnen?"

Die Antwort: „Der Feind hat über sie nicht mehr Gewalt, so lange sie ohne Todsünde sind, als sie selber wollen. Doch hat er gute sichere Hoffnung, wenn er sieht, daß diese Menschen noch um die Welt bekümmert und ihre Gedanken noch mannigfaltig sind; daß sie noch zur Ehre der Welt und zur Gemächlichkeit der Natur geneigt sind. Und ob sie gleich keine Todsünde begehen wollen; so sind sie doch gar nahe bei dem Garn. Sie sind in ihrem Wandel und Tun in großer Gefahr; denn der Feind bemüht sich ohne Unterlaß, um sie ins Garn zu treiben, und zieht sie mit einer Angel, die er in sie geworfen hat, damit sie nicht auf dem rechten Weg zu ihrem Ursprung gelangen."

Der Mensch: „Allerliebster! Worin besteht diese Angel, worin dieser Menschen Übung, und welch ein Volk ist dieses?"

Die Antwort: „Es sind so törichte Menschen in der Christenheit, daß sie wähnen, Gott und der Natur zugleich leben und dienen zu können, was doch sehr gefährlich ist. Sie wollen ehrbare, biedere Leute sein, und keine Todsünde begehen, um nicht in die Holle zu fahren. Sie sind der Meinung, daß ihnen Gott sehr hold sei; denn sie halten sich selbst für gut, und gefallen sich so gar wohl in ihrem Leben und in ihren Übungen, daß sie kein Verlangen nach einem mit Gott nähervereinigten Leben haben; sie wünschen so zu sterben, weil sie sich keiner großen Sünden bewußt sind. Wer von ihrem Leben sagt, daß es damit gefährlich stehe, und sie zur näheren Vereinigung mit Gott bewegen will, dem folgen sie nicht; sondern dem bösen Geist, der sie hält mit der Angel ihrer Natur, der sie leben wollen. Sie tun nur, was sie selbst für gut halten, und sind der Meinung, daß es ihnen bei ihrem Leben und ihren Übungen nicht fehlen könne, da es mit ihnen doch gar gefährlich steht; denn sie wohnen nahe bei dem Garn."

Der Mensch: „Allerliebster! Wenn diese Menschen sterben, erlangen sie doch den Himmel?"

Die Antwort: „Ja, wenn sie an ihrem Ende ohne Todsünde gefunden werden. Sie müssen aber im Fegefeuer unaussprechliche Qual leiden, um alle die Lüste zu büßen, die sie ohne Notdurft in der Natur genossen haben. Erkennte der Mensch, welche Qual er wegen der mindesten Lust leiden muß, die er in der sinnlichen Natur wider Gottes Gebote genießt, er würde sich lieber täglich sein Haupt abschlagen und einen neuen Tod antun lassen, als eine läßliche Sünde begehen. Auch müssen diese Menschen großen ewigen Lohn entbehren, wegen der Befriedigung der mutwilligen Lüste ihrer Natur."

Der Mensch: „Es wundert mich, daß nicht alle Menschen, die dieses hören, dem Genuß der sinnlichen Lüste ganz entsagen; denn sie finden doch keine wahre Freude und keinen beständigen Frieden als allein in Gott."

Die Antwort: „Niemand wird weder Friede noch Freude in dem Heiligen Geist finden, als nur der Mensch, der sich aus ganzem Herzen Gott überlassen hat. Sollten die Menschen, die auf diesem Felsen wohnen, zu dieser Freude gelangen – worüber du fragst –: so müßten sie vor allem nach weisen Rat fragen, um ihre Natur überwinden zu lernen.

Nun weißt du, welche Menschen auf dem untersten Felsen wohnen. Ich will dich nun sehen lassen die Menschen, welche auf dem zweiten Felsen wohnen, so wie ihre Übung.

24. Kapitel.

Von dem zweiten Felsen
und der Übung derer, die darauf wohnen.

DIE Antwort: „Öffne deine Augen und sieh über dich."
Der Mensch sah auf den nächsten Felsen, der oberhalb von ihm war, und sah, wie ein Teil Menschen von dem ersten Felsen auf den anderen gingen. Sobald sie aber darauf ankamen, fiel ein Teil schnell wieder herab; jene aber, die darauf blieben, waren so klar, daß er sie nicht ansehen konnte.

Der Mensch: „Sage mir, innigst Geliebter, die Bedeutung hiervon!"

Die Antwort: „Die Menschen, welche vom ersten Felsen auf den zweiten sich begeben, sind alle solche, die erkannt haben, daß es gar gefährlich ist, auf dem ersten zu wohnen. Und es kam ihnen der Sinn, ihn zu verlassen. Und sie folgten dieser Ermahnung, erhoben sich mit festentschlossenem, furchtlosem Gemüt, und erreichten so den zweiten Felsen."

Der Mensch: „Was ist denn aber die Ursache, daß ein Teil von ihnen wieder zurückfiel?"

Die Antwort: „Die auf dem zweiten Felsen wohnenden Menschen üben eine viel strengere Lebensweise, als jene auf dem ersten. Das miß-fällt nun diesen, es kommt ihnen zu hart vor, und sie lassen dem bösen Geist über sie den Sieg, der ihnen eingibt: *Ach, du bist zu schwächlich, du kannst es nicht aushalten.* Und so fallen sie wieder vom zweiten auf den ersten Felsen zurück."

Der Mensch: „Mein Geliebter! Was wohnen für Menschen auf dem zweiten Felsen?"

Die Antwort: „Öffne deine Augen und sieh; denn du mußt sie selber sehen."

In diesem Wort, war der Mensch auf dem zweiten Felsen, und sah, daß diese Menschen einen viel lieblicheren Wandel führten, als die auf dem ersten. Doch waren ihrer viel weniger als jener, und war der Fels gar weit und schön.

Der Mensch: „Innigst Geliebter! Was sind das für Menschen? Sie gefallen mir gar wohl, ja weit besser, als die anderen."

Die Antwort: „Diese Menschen bezwingen ihre Natur und wenden sich von der Welt mit einem unverzagten Gemüt. Sie wollen ihren eigenen Willen aufgeben, einem Freund Gottes folgen, der den Weg aus Erfahrung kennt, und sich seiner Leitung bis zum Tode unterwerfen. Doch sind diese Menschen noch sehr fern von ihrem Ursprung, und der Feind nimmt ihrer gar fleißig wahr; denn er fürchtet, sie könnten ihm entrinnen. Er hat auch in diese eine Angel geworfen, um zu bewirken, daß sie stillstehen, und nicht näher zu ihrem Ursprung aufsteigen."

Der Mensch: „Allerliebster! Worin besteht diese Angel?"

Die Antwort: „Darin, daß der Feind, sobald sie anfangen und in diesem neuen Leben zuzunehmen beginnen, ihnen eingibt, sie seien zu schwächlich. Sie fangen nun an, sehr zu erschlaffen, und nehmen des Teufels Schalkheit nicht wahr, der in ihnen und in ihrer Natur wohnt, und ihnen eingibt: sie dürften nun ein gutes Vertrauen zu Gott haben, sie hätten ja zur Zeit der Welt entsagt, wo sie ihrer wohl noch jahrelang hätten genießen können. Und so flößt er ihnen einen geistlichen Selbstdünkel ein, den sie selbst nicht erkennen; sie dünken sich aber dabei selbst so weise, daß sie niemandes Rat und Hilfe zu bedürfen glauben. Und so bewirkt er, daß sie bei einem solchen Leben mit sich selbst zufrieden sind, und so sterben wollen."

Der Mensch: „Mein innigst Geliebter! Sie haben sich doch der Leitung der Freunde Gottes überlassen: warum lehren diese sie nicht den rechten Weg?"

Die Antwort: „Die Freunde Gottes erkannten wohl die Angel, womit der Feind diese Menschen gefangen hält, und darum fürchteten sie sich, sie möchten ihnen vielleicht ganz abfallen unter das Garn, und böser als zuvor werden, wenn sie selbe zu streng halten würden. Wollen diese

Menschen aber ausharren auf diesem Felsen; so hat Gott sie weit lieber als jene, die auf dem ersten wohnen; denn sie haben durch strenge Gebetsübung ihre Natur weit mehr abgetötet als jene, und darum sind sie auch ihrem Ursprung viel näher, als die auf dem ersten Felsen."

Der Mensch: „Allerliebster! Haben auch diese nach dem Tode das Fegefeuer zu erdulden?"

Die Antwort: „Ja, sie haben darin sehr große Qualen zu erdulden, doch geringere als jene; auch ihr ewiger Lohn ist nachher weit mehr und größer, als bei den vorigen. Und ich sage dir: Wer zu seinem Ursprung kommen will, der muß alle Felsen übersteigen, die an diesem Berg sich erheben, bis er zur höchsten Höhe desselben gelangt."

Der Mensch: „Ach, innigst Geliebter! Ich erkenne so sehr deine so liebreiche Güte und Treue, daß ich glaube, wenn ein Mensch in der Wahrheit sein ganzes Vertrauen zu dir hätte, und sich mit einem unverzagten Gemüt entschließen würde, allen Geschöpfen ganz zu entsagen, dich allein aus ganzem Herzen zu lieben, und sich mit allen Kräften zu dir zu kehren: ein solcher würde stets alle nötige Hilfe bei dir finden, und schnell alle diese Felsen übersteigen."

Die Antwort: „Das ist wahr, wer ein mutiges, unverzagtes Gemüt mit einem stets beharrlichen Willen hätte, dem würde Gott sicherlich zu Hilfe kommen und ihn zum Ziel seiner Bestimmung führen. Aber solcher findet man in dieser Zeit wenige."

Der Mensch: „Innigst Geliebter! Habe Erbarmung."

25. Kapitel.

Von dem dritten Felsen und der Übung derer, die darauf wohnen.

DIE Antwort: „Tue auf deine Augen, und sieh über dich."
Der Mensch sah auf an dem Felsen, und sah, daß ein Teil der

Menschen vom zweiten auf den dritten Felsen hinaufstieg. Als sie aber auf demselben ankamen, fiel ein Teil derselben wieder herab; nur einige blieben, und diese waren schnell gelaufen über den ersten Felsen bis an den zweiten, und über den zweiten bis an den dritten.

Der Mensch: „Innigst Geliebter! Was bedeutet das schnelle Laufen dieser Menschen, um zu dieser Höhe zu gelangen?"

Die Antwort: „Zu dieser Zeit ist dies etwas Seltenes und ungewöhnlich; vorher geschah es aber oft, daß die Leute sich so herzhaft zur ewigen Wahrheit kehrten, aller Anhänglichkeit an die Geschöpfe und dem Selbstgesuch der Natur mutig entsagten, und sich so ernstlich zu ihrem Ursprung wandten, daß sie, mit der Hilfe Gottes, in einem Lauf über alle diese hohen Felsen liefen, und auf die höchste Höhe des Gebirges kamen."

Der Mensch: „Sage mir, meine Liebe, was sind das für Menschen, die auf diesem dritten Felsen wohnen?"

Die Antwort: „Du sollst sie selbst sehen."

Mit diesen Worten war der Mensch auf dem dritten Felsen, und hatte große Freude; denn diese Menschen gefielen ihm viel besser als die vorigen alle, die auf den anderen Felsen wohnten.

Der Mensch: „Sage mir, meine Liebe, sind diese nicht liebe Menschen?"

Die Antwort: „Sie sind Gott weit lieber und werter als alle, die da unten sind. Sie üben sich streng in der Selbstverleugnung und Abtötung, um in das Himmelreich zu gelangen, um weniger im Fegefeuer leiden zu müssen, und um der Hölle zu entgehen. Sie haben die weltliche Sorge weit mehr abgelegt als die vorigen. Sie sind aber doch noch sehr fern von ihrem Ursprung, obgleich sie besser sind als jene, und der Feind hat auch in sie eine Angel geworfen, womit er verhindert, daß sie nicht weiterkommen."

Der Mensch: „Sage mir, meine Liebe, worin besteht diese Angel?"

Die Antwort: „Darin, daß sie sich doch noch etwas um diese Welt bekümmern und auf sie sehen. Zudem beabsichtigen sie bei ihrer Verleugnung und Abtötung mehr ihren eigenen Nutzen als Gottes Ehre, und hängen an ihren strengen Übungen mit Wohlgefallen und Eigenwilligkeit. Das ist die große Angel, womit der Feind sie hält und irreleitet, daß sie nicht vorwärtskommen."

Der Mensch: „Sage mir, meine Liebe, müssen diese Menschen auch noch im Fegefeuer leiden?"

Die Antwort: „Sie müssen, wenn sie so sterben, im Fegefeuer noch große Qual leiden; aber nicht so große, wie die, welche auf den unteren Felsen wohnen. Auch erlangen sie dann größere Seligkeit im Himmel als jene, weil sie ihre Natur mutiger und mehr verleugnet haben."

26. Kapitel.

Von dem vierten Felsen und der Übung derer, die darauf wohnen.

DIE Antwort: „Öffne deine Augen und sieh über dich."
Und der Mensch sah, wie ein Teil der Menschen vom dritten auf den vierten Felsen ging; als sie aber darauf ankamen, stürzten einige sehr schnell wieder herab, und zwar so tief, daß sie unter das Garn fielen. Während der Mensch ihnen nachsah, bemerkte er, wie einer von unten sehr geschwind über den Berg heraufeilte, und in einem Lauf über die drei Felsen auf den vierten gelangte.

Der Mensch: „Geliebtester! Was bedeutet dies?"

Die Antwort: „Die Menschen, die vom vierten Felsen auf einmal unter das Garn gefallen sind, sind solche, die mit strenger Übung und schwerer Arbeit an diesem vierten Felsen heraufgestiegen sind; und als sie noch höher steigen sollten, ließen sie sich vom Feind und von ihrer Natur überwinden, daß sie wieder zurück unter das Garn fielen. Wisse, sollen sie je wieder herauskommen, so ist es nur mit der größten Anstrengung möglich."

Der Mensch: „Geliebtester! Was bedeutet es, daß jener Mensch aus dem Garn in einem Lauf über drei Felsen sogleich auf den vierten gelangte?"

Die Antwort: „Diesem Menschen ist unter dem Garn eine starke Reue gekommen, die so groß und kräftig war, daß er gerne seines Herzens Blut ausgeschrieben haben würde, wenn er es hätte tun können. Dabei griff er seine Natur durch strenge Abtötung so sehr an, daß er erkrankte. Als Gott den großen Ernst und die große Verleugnung dieses Menschen sah, da half er ihm so kräftig, daß er bald zu dieser Gesellschaft kam."

Der Mensch: „Geliebtester! Welche Menschen sind diese, und wie ist ihr Leben, die da oben wohnen?"

Die Antwort: „Das sollst du sogleich sehen."

Augenblicklich war der Mensch auf dem vierten Felsen, und sah diese Menschen mit großer Freude; denn sie waren weit liebvoller als alle vorigen.

Der Mensch: „Sage mir, Geliebtester! Welche Übung haben diese Menschen?"

Die Antwort: „Es sind Menschen, die ihre Natur streng und kühn angreifen, und sich Tag und Nacht abtöten, so weit es sich mit ihrer Gesundheit verträgt."

Der Mensch: „Sage mir, meine Liebe, sind diese besonders auserwählte Menschen?"

Die Antwort: „Sie sind gute, aber nicht auserwählte Menschen, und haben noch sehr weit und hoch zu ihrem Ursprung; sie sind demselben aber doch viel näher, als alle anderen, die da unten sind. Aber der Feind hat auch in sie eine Angel geworfen, die groß ist, womit er sie hält, daß sie nicht weiterkommen."

Der Mensch: „Worin, meine Liebe, besteht diese Angel?"

Die Antwort: „Alle diese Menschen hängen mit Eigenwilligkeit an der von ihnen selbst angenommenen Übung und Lebensweise, so wie an ihren Tugenden und guten Werken, und lassen sich von niemand leiten."

Der Mensch: „Es gebricht also diesen Menschen, wie mich dünkt, nichts als die Gelassenheit?"

Die Antwort: „Ja, sie sollten sich selbst lassen. Denn du sollst wissen, daß ein eigenwilliger Mensch in dieser Zeit niemals zu seinem Ursprung kommt. Wisse auch, daß Gott es gar oft und auf vielfältige Weise versucht, ob sie sich lassen wollen; aber es hilft nichts. Und, wenn Gott ihnen das Licht der Gelassenheit vorhält, so ist sogleich der Feind da, und wirft sie in die Angel der Selbstangenommenheit mit allen ihren Weisen, weil er sie gefangen hat mit dem Seil ihrer Eigenwilligkeit, aus der ihre ganze Lebensweise, alle ihre Übungen und Werke kommen. Darauf sieht der Feind um so mehr, als er wohl weiß und erkennt, daß Gott, wenn sie ihrer Eigenwilligkeit ganz entsagen, und sich an Gottes Statt der Leitung jener, denen der Weg besser bekannt ist, in Demut unterwerfen würden, sie alsbald ihrer Mühe und Arbeit genießen lassen und sie sehr hohe vertrauliche Wege führen würde, die ihnen zuvor verborgen und unbekannt waren."

Der Mensch: „O innigst Geliebter! Diese gefallen mir wohl, denn sie sind, dem Ansehen nach, gar gut und liebreich."

Die Antwort: „So wahr dieses ist, so werden sie doch bald zum Zorn bewegt, und ein Teil auch zu anderen Untugenden; und obgleich sie sich hüten, so viel sie immer können, so geschieht es ihnen dennoch, und das darum, weil sie noch ungelassene, unabgestorbene Menschen sind, die sich in rechter Gottgelassenheit noch nicht geübt haben. Doch sind sie Gott lieber als alle Menschen, die du zuvor gesehen hast. Wisse jedoch aber, daß diese Menschen einen ganz anderen Weg gehen müssen, als jetzt, um auf die rechte Straße zu kommen, die zum Ursprung führt."

Der Mensch: „Geliebtester! Müssen auch diese im Fegefeuer leiden, die ihre Lebenstage in so großer und strenger Übung zugebracht haben?"

Die Antwort: „Alle Ungelassenheit, so klein sie auch immer ist, die der Mensch mit sich nimmt, muß im Fegefeuer ganz abgelegt werden. Auch müssen sie, ihrer Ungelassenheit wegen, großen ewigen Lohn entbehren. Wisse, werden sie noch unabgestorben erfunden, so müssen sie darum im Fegefeuer große Qual leiden, jedoch weniger als die vorigen. Sie haben es auch weit besser, als die anderen auf den unteren Felsen, im Himmel."

Der Mensch: „Innigst Geliebter! Empfinden diese Menschen deine besonderen Gnaden, die du deinen Freunden von Zeit zu Zeit in deiner Vertraulichkeit mitteilst?"

Die Antwort: „Nein, weil sie in der Ungelassenheit stehen, so fühlen sie nicht die besondere Vertraulichkeit, die Gott hier seinen besonders geliebten, geistlichen Freunden erzeigt."

Der Mensch: „Ach, innigst Geliebter! Könnte es geschehen, ohne dich zu erzürnen, so möchte ich dich gerne bitten, mir diese vertrauten Freunde zu zeigen?"

Die Antwort: „Das soll geschehen; du mußt aber noch viel und weit höher steigen von einem Felsen auf den anderen, bis du die höchste Höhe des Gebirges erreicht haben wirst; da erst sollst du sie sehen. Ich sage dir auch: du wirst selbst noch sehen in den Ursprung."

Der Mensch: „Innigst Geliebter! Das ist nicht meine Meinung. Ich bitte dich, wenn es möglich ist, erlaß mir diese Gnade; denn ich erkenne meine Unwürdigkeit als ein armes Geschöpf, ohne wahre Tugend und Abtötung. Doch dein, nicht mein Wille geschehe."

27. Kapitel.

Von dem fünften Felsen und der Übung derer, die darauf wohnen.

DIE Antwort: „Öffne deine Augen, und schau über dich."
Der Mensch sah, daß der fünfte Fels gar furchtbar hoch über den anderen lag, von den unteren Felsen nur wenige Menschen auf diesen hinaufstiegen, und die meisten, die vom vierten dahin kamen, wieder zurückfielen. Nur sehr wenige erhielten sich auf demselben.

Der Mensch: „Sage mir, meine Liebe, warum so wenige Menschen auf diesen hohen Felsen gelangen, und darauf bleiben?"

Die Antwort: „Dieser Fels ist sehr hoch, und ihn zu besteigen ist sehr beschwerlich und mühsam. Ich sage dir auch, nur der, welcher diesen fünften Felsen erstiegen hat, und darauf beständig bleibt, ist erst auf die rechte Straße gekommen, die in den Ursprung führt."

Der Mensch: „Ach, mein innigst Geliebter! Was sind es für Menschen, die auf diesem Felsen wohnen?"

Die Antwort: „Öffne deine Augen und sieh."

Augenblicklich war der Mensch auf demselben und sah mit Freude, daß hier die Menschen freundlicher und liebreicher als auf den vorigen Felsen waren.

Der Mensch: „Geliebtester! Worin besteht das Leben und die Übung dieser so kleinen Zahl?"

Die Antwort: „Es sind Menschen, die ihren eigenen Willen auf- und Gott gegeben haben, und ganzen Willens sind, nie mehr etwas nach ihrem eigenen Willen und Verstand zu tun, sondern bis an das Ende ihres Lebens anstatt Gott der Leitung eines Gottesfreundes sich zu überlassen, dem der Weg, weil er ihn selbst gegangen, wohlbekannt ist."

Der Mensch: „Innigst Geliebter! Diese Menschen gefallen mir weit besser und sind mir viel lieber als alle auf den unteren Felsen, und es scheint mir, sie sind es auch dir."

Die Antwort: „Ja, so ist es in Wahrheit, sie sind Gott liebe, werte Menschen; denn sie sind auf der rechten Straße. Und wenn sie darauf bleiben: so sind sie Gott sehr lieb.“

Der Mensch: „Ach, innigst Geliebter! Sind sie nahe bei dem Ursprung?“

Die Antwort: „Nein, sie sind von demselben noch sehr fern, und haben noch sehr weit dahin. Es ist dem Feind nicht entgangen, daß sie auf dem rechten Weg sind; daher setzt er sich dagegen, indem er auch in sie eine Angel geworfen hat, um sie in ihrem Fortgang aufzuhalten.“

Der Mensch: „Ach, innigst Geliebter! Worin besteht diese Angel?“

Die Antwort: „Darin, daß sie nicht mit steter Beharrlichkeit auf diesem Felsen bleiben.“

Der Mensch: „Sage mir, innigst Geliebter! Sind diese Menschen in ihrem Tun alle gleich?“

Die Antwort: „Ja, aber der böse Geist hat diese Menschen alle mit der großen Angel der Unbeständigkeit gefangen.“

Der Mensch: „Innigst Geliebter! Worin besteht die Unbeständigkeit dieser Menschen?“

Die Antwort: „Darin, daß sie öfters vom fünften wieder auf den vierten Felsen herabgehen, und die selbstgewählte Lebensweise der auf diesem Felsen Wohnenden wieder annehmen. Sie gehen auf und ab, und haben keine bleibende Stetigkeit auf dem fünften Felsen.“

Der Mensch: „Warum haben sie denn keine Beständigkeit?“

Die Antwort: „Das kommt daher, weil sie ihrem eigenen Willen noch nicht ganz abgestorben sind. Es sind aber diese Menschen Gott dennoch viel lieber, als jene auf dem unteren Felsen; denn Gott liebt sehr solche Menschen, die ihres eigenen Willens ledig geworden. Obgleich sie nicht immer beständig bleiben, so verharren sie doch größtenteils in der Gelassenheit.“

Der Mensch: „Innigst Geliebter! Müssen diese Menschen auch, wenn sie sterben, noch im Fegefeuer leiden?“

Die Antwort: „Ja, wenn sie in dieser Unbeständigkeit sterben, müssen sie noch große Qualen erdulden; doch kleinere als die vorigen; auch genießen sie größerer Seligkeit im Himmel."

Der Mensch: „Ach, innigst Geliebter! Wie rein muß eine Seele sein, die zu dir kommen will! Und das ist wohl billig."

28. Kapitel.

Von dem sechsten Felsen
und der Übung derer, die darauf wohnen.

DIE Antwort: „Öffne deine Augen, und schau über dich."
Der Mensch sah über sich, und bemerkte, daß der sechste Felsen sehr hoch über den anderen lag, und gar wenige Menschen vom fünften auf den sechsten Felsen gingen; die aber darauf ankamen, fielen meistens so schnell wieder herab, daß es schien, man habe sie auf das Haupt geschlagen. Es kam ihm vor, als ob unter Hunderten kaum einer auf diesem Felsen bliebe.

Der Mensch: „Innigst Geliebter! Wie kommt dies?"

Die Antwort: „Öffne deine Augen und sieh."

Mit diesen Worten war der Mensch auf dem sechsten Felsen, und sah die liebreichsten Menschen um sich, deren freundliche Gestalt alle, die er auf den unteren Felsen gesehen hatte, weit übertraf. Und der Fels war sehr breit und schön. Es wohnten aber nur sehr wenige Menschen auf diesem Felsen, die sehr schön und lieblich anzusehen waren.

Der Mensch: „Ach, innigst Geliebter! Wie ungemein wohl gefallen mir diese Menschen, weit besser als alle, die ich zuvor gesehen habe."

Die Antwort: „Sie gefallen auch Gott und sind ihm liebe Menschen."

Der Mensch: „Ach, was sind sie für Menschen?"

Die Antwort: „Es sind Menschen, die sich Gott und anstatt seiner den Freunden Gottes ganz gelassen haben, mit Aufgebung alles eigenen

Willens, und bis an ihren Tod unwandelbar in dieser gänzlichen Über-
lassung verbleiben wollen."

Der Mensch: „Sind dies Menschen, Geliebtester, die schon zu ihrem
Ursprung gekommen sind?"

Die Antwort: „Du sollst wissen, daß sie noch sehr weit zu ihrem Ursprung haben, und noch gar hoch steigen müssen, um dahin zu gelangen."

Der Mensch: „Du Liebe meines Herzens! Was willst du damit sagen?"

Die Antwort: „Sie sind allerdings ihrem Ursprung näher als alle, die du
bisher gesehen hast. Darüber ist der Feind erschrocken, weil er wohl
sieht, daß sie auf den rechten Weg gekommen sind. Er hat daher eine
großen Angel in sie geworfen, um sie in ihrem Fortgang zu hindern."

Der Mensch: „Worin besteht diese Angel, womit er sie gefangen hält?"

Die Antwort: „Darin, daß sie gerne etwas Trostes und Erkennens von
Gott hätten, wie dies andere Menschen haben. Wiewohl das nicht böse
ist, so ist es doch nicht das Nächste zum Ursprung; denn dies Verlangen
hat ein verborgenes Gebrechen in sich, daß der Mensch es wagt, sich mit
jemand zu vergleichen, und Gott nicht wirken läßt, was, wo, und mit
wem er will. Das erkennen diese Menschen wohl, und folgen doch der
Eingebung des Feindes."

Der Mensch: „Geliebtester! Sind diese liebreichen Menschen vom
Fegefeuer nicht frei?"

Die Antwort: „Wenn sie mit diesem Gebrechen sterben, so müssen sie
noch große Leiden erdulden; doch kleinere als die auf den unteren Felsen
Wohnenden. Auch ist dann ihre Seligkeit größer im Himmel."

Der Mensch: „Ach, woher kommt es, daß diese lieben Menschen
nicht vor sich gehen?"

Die Antwort: „Das kommt daher, weil sie dem verborgenen Gesuch
und schalkhaften Verlangen der Natur nicht ganz entsagt haben. Dies zu
erkennen und zu tun, wäre ihnen höchst notwendig."

29. Kapitel.

Von dem siebenten Felsen
und der Übung derer, die darauf wohnen.

DIE Antwort: „Öffne deine Augen, und schau über dich."
Der Mensch sah, daß der siebente Fels furchtbar hoch über dem sechsten lag, nur wenige Menschen von diesem auf ihn kamen, und von denen, die ihn erreichten, die meisten schnell wieder herabstürzten, und nur einige darauf blieben.

Der Mensch: „Innigst Geliebter! Was bedeutet dies?"

Die Antwort: „Das sollst du sehen."

Augenblicklich war der Mensch auf dem siebenten Felsen, der viel schöner, als die anderen alle, war. Er hatte auf keinem der vorigen Felsen so wenige Bewohner gesehen. Sie übertrafen aber alle an Schönheit und weit um sich leuchtender Gestalt.

Der Mensch: „Mein innigst Geliebter! Was sind das für Menschen?"

Die Antwort: „Es sind Menschen, die sich, mit Verleugnung alles eigenen Willens, Gott gelassen haben, und darin bis an ihren Tod verharren wollen. All ihr Bemühen geht dahin, ihre Natur möglichst dem Geist zu unterwerfen. Sie wünschen nichts sehnlicher, als innerlich und äußerlich zu tun, was Gott von ihnen haben will, seien es äußerliche Liebeswerke oder Einkehrung in sich selbst, um da seiner und seines liebsten Willens zu warten. Die Ursache, warum diese Menschen so hell leuchten und glänzen, ist diese, weil Gott seine lichtreiche Gnade ihnen auf eine besondere Weise mitgeteilt hat; daher sie im Vergleich mit jenen, die auf den unteren Felsen wohnen, ein so weit um sich leuchtendes Licht verbreiten."

Der Mensch: „Innigst Geliebter! Sind dies die Menschen, die zu ihrem Ursprung gekommen sind?"

Die Antwort: „Nein, sie haben noch gar hoch hinauf."

Der Mensch: „Warum haben denn so wenige Menschen ihre Wohnung bei ihrem Ursprung?"

Die Antwort: „Das sollst du alles noch sehen."

Der Mensch: „Was hindert denn diese lieben Menschen noch."

Die Antwort: „Der Feind hat einen großen Haken in sie geschlagen, an dem er sie hält, daß sie nicht vorwärtskommen."

Der Mensch: „Warum hat er denn in diese lieben Menschen einen Haken geheftet und geschlagen, da er in die anderen nur eine Angel warf?"

Die Antwort: „Der Feind fürchtet sehr, daß diese Menschen in den Ursprung eingehen."

Der Mensch: „Was ist aber der Haken, womit er sie hält?"

Die Antwort: „Dieser, daß diese Menschen die von Gott empfangene, große, lichtvolle Gnade auf mancherlei Weise heimlich in ihrer Natur gebrauchen, ohne es im Grunde wahrzunehmen. Ihre Natur sucht im empfindlichen Genuß dieser großen Gnade ihre unabgetötete Lust zu befriedigen, und sie erkennen es nicht, wie sie es sollten und könnten. Aber der Feind, der dies anrät, merkt es wohl; denn er ist sehr listig. Wenn sie keinen empfindlichen Trost von Gott haben, so empfangen sie das heilige Sakrament des Altars, um von Gott Trost zu empfangen. Nicht nach Gott, sondern nach seinen Tröstungen ist ihr Verlangen zunächst gerichtet. Du wirst noch Menschen sehen, die auch diesem Verlangen nach Tröstungen abgestorben sind. Diese aber, welche hier wohnen, hängen noch zu sehr an dieser natürlichen Neigung und an den Tröstungen der Gnade. Und obgleich dir dies ein kleines Hindernis scheint; so müssen sie deswegen doch im Fegefeuer große Qual leiden; doch weniger als die auf den unteren Felsen Wohnenden; auch empfangen sie größeren ewigen Lohn als jene im Himmel."

30. Kapitel.

Von dem achten Felsen
und der Übung derer, die darauf wohnen.

DIE Antwort sprach: „Schaue nun über dich."
Und der Mensch sah auf den achten Felsen, der furchtbar hoch über allen anderen lag. Auch hier waren nur wenige Menschen; denn die meisten, die darauf ankamen, stürzten schnell wieder herab, so daß nur wenige darauf blieben.

Der Mensch: „Innigst Geliebter! Was sind das für Menschen, und worin besteht die Übung der hier Wohnenden?"

Die Antwort: „Das sollst du sehen."

Augenblicklich war der Mensch auf dem achten Felsen und sah, daß diese Menschen freudiger, leuchtender und schöner, als alle bisher Gesehenen, waren. Er war entzückt vor Freude, als er dies sah, und sprach: „Innigst Geliebter! Was sind das für Menschen?"

Die Antwort: „Gott hat sie sehr lieb. Es sind Menschen, die in der Vollkommenheit alle anderen übertreffen. Sie haben ihrem eigenen Willen ganz entsagt und sich Gott unbedingt überlassen, nach seinem Wohlgefallen in Zeit und Ewigkeit mit ihnen zu tun."

Der Mensch: „Ach, innigst Geliebter! Wenn es nur recht viele solcher Menschen gäbe!"

Die Antwort: „Wie soll es ihrer viele geben können? Du siehst doch, daß nur sehr wenige sind, die, im Vertrauen auf Gottes Beistand, der Anhänglichkeit an diese zeitlichen, natürlichen Dinge ganz entsagen und auf sie verzichten, und sich lauterhaft in der Wahrheit verleugnen wollen zur Verherrlichung Gottes. Und wie sollten auch die Menschen aus sich selbst zu einer wahren, gänzlichen Verleugnung alles dessen gelangen können, was nicht ewig, unendlich und unaussprechlich ist?"

Der Mensch: „Ach, mein innigst Geliebter! Wenn du die gänzliche Verleugnung aller zeitlichen Dinge verlangst: so verstehen sie darunter die Verlassung aller irdischen Güter, und darüber erschrecken sie."

Die Antwort: „Und doch muß es sein. Wer auf diesen achten Felsen zu diesen Menschen kommen will, der muß entweder allem irdischen Eigentum ganz entsagen, oder dasselbe ohne Anhänglichkeit und Zerstreuung besitzen, daß es ihm auf seinem Weg zu Gott mehr zur Förderung als zum Hindernis wird. Die das Irdische so gebrauchen, ohne sich darin selbst zu lieben und zu meinen, sondern nur Gottes Ehre, solchen erlaubt Gott wohl den Besitz zeitlicher Güter, aber nur in der Weise, daß sie davon nur ihre Notdurft nehmen, alles andere aber mit Gott teilen, dem es auch gehört."

Der Mensch: „Innigst Geliebter! Ich hoffe, und erfreue mich, daß diese Menschen zu ihrem Ursprung gekommen sind."

Die Antwort: „Nein, noch nicht; aber sie sind diesem am nächsten. Die Menschen auf diesem Felsen haben von Gott reichlichere und lichtvollere Gnaden empfangen, als alle anderen, und Gott hat ihnen größere Geheimnisse geoffenbart, doch alles in Bildern und Formen."

Der Mensch: „Innigst Geliebter! Was versteht man denn unter dem, was über Bilder und Formen ist?"

Die Antwort: „Zuweilen wird diesen Menschen ein gar kleines Licht aus dem Ursprung zuteil, und das können sie mit keinem Bild bezeichnen, noch mit Worten ausdrücken und erklären."

Der Mensch: „Geliebtester! Diese Menschen, hoffe ich, werden aber doch dem Fegefeuer entgangen sein?"

Die Antwort: „Nein, auch sie müssen in dasselbe."

Der Mensch: „Was ist die Ursache und warum gelangen sie nur dadurch zu ihrem Ursprung?"

Die Antwort: „Der Feind hat zwei große Haken in sie geschlagen, auf jeder Seite einen, damit sie ihm nicht entrinnen."

Der Mensch: „Worin bestehen diese Haken?"

Die Antwort: „Darin, daß diese Menschen von dem geringen Licht, das ihnen aus dem Ursprung zuteil geworden ist, gerne mehr hätten, um sich darin zu ergötzen. Und dies hindert sie; denn sie haben noch einen verborgenen, sich selbst suchenden Willen, so versteckt, daß sie es selbst nicht erkennen, und ihn daher noch nicht gänzlich abgelegt haben."

Der Mensch: „Worin besteht der andere Haken?"

Die Antwort: „Wisse, Gott hat diese Menschen gar unbekannte, wunderbare Wege geführt, und ihnen große, verborgene Geheimnisse geoffenbart, jedoch alles in bildlicher Weise. Daran hängen sie nun mit einer so heimlichen und verborgenen Selbstgefälligkeit, daß sie es selbst nicht merken. Gott aber erkennt es wohl, und darf ihnen doch, damit sie nicht zurückfallen, diese geistlichen Gnaden nicht entziehen; er muß ihrer schonen, weil ihm ihre ihnen unbekannte, in der Natur verborgenliegende, heimliche Anhänglichkeit wohlbekannt ist. Dies ist der zweite Haken, womit der Feind diese Menschen von ihrem Ursprung abhält."

Der Mensch: „Ach, innigst Geliebter! Welche Menschen entrinnen diesen zwei Haken?"

Die Antwort: „Nur die der Eigenwilligkeit ganz abgestorbenen, aus ganzem Herzen Gott ergebenen Menschen, die ihre Natur gründlich abgetötet haben, und im Licht der Gnade die Regungen der Natur wohl erkennen und von jenen unterscheiden können; außer diesem gelangen sie nie zu ihrem Ursprung."

Der Mensch: „Ich bedaure es, daß auch diese lieben Menschen noch in das Fegefeuer müssen."

Die Antwort: „Wären dieser Menschen viele, so stünde es in der Christenheit um vieles besser, als jetzt. Wisse, ihr Fegefeuer ist aber weit gelinder, als das der Bewohner aller niederen Felsen, und ihre ewige Seligkeit viel größer, als die aller jener."

31. Kapitel.

Von dem neunten Felsen und der Übung derer, die darauf wohnen.

DIE Antwort: „Öffne nun deine Augen, schau empor und freue dich."

Der Mensch sah auf den neunten Felsen, der so furchtbar hoch war, daß es ihm schien, als könne er kaum hinaufsehen, und als ob er bis zum obersten Himmel reichte. Er sah auch, daß nur sehr wenige Menschen vom achten auf den neunten Felsen gingen, und selbst von diesen wenigen, wenn sie auf ihm ankamen, ein Teil wieder herabfiel, so daß nur gar wenige auf demselben blieben. Es kam ihm vor, als ob kaum drei damals auf ihm wären, und die von diesem Felsen herabgestürzt waren, schienen sich totgefallen zu haben.

Der Mensch sprach: „Ach, innigst Geliebter! Was verursacht dieses Fallen, und daß so wenige hier bleiben?"

Die Antwort: „Ach, was hoch ist, ist schwer zu erklimmen! Weil so wenige Menschen zu jetziger Zeit gründlich sich selbst absterben wollen, darum kommen so wenige auf diesen Felsen. Wenn sie sehen, wie die Bewohner desselben so gar abgeschieden leben, so erschrecken sie und fallen sich zu Tode."

Der Mensch: „Ach, innigst Geliebter! Dies betrübt mich im Innersten meines Herzens."

Die Antwort: „Nun schaue empor und freue dich."

Augenblicklich war der Mensch auf diesem hohen, breiten, ungemein großen Felsen, und es schien ihm, als ob dieser Fels alle vorigen, die er gesehen hatte, an Höhe, Größe, Breite und Schönheit weit übertreffe. Er war aber nur wenig bewohnt. Doch machte dieser Anblick dem Menschen mehr Freude und Wonne, als der aller vorigen Felsen.

Der Mensch fragte: warum dieser Fels so breit und schön, und doch so wenig bewohnt sei?

Die Antwort sprach: „Gott hat diesen Felsen nicht so geordnet, daß so wenige Menschen darauf wohnen sollten. Wisse auch, daß hier die Pforte steht, welche zum Ursprung führt, aus dem alle Geschöpfe im Himmel und auf Erde gekommen sind."

Der Mensch: „Woher kommt es, daß diese Menschen äußerlich so krank scheinen, und doch innerlich so lichthell und schön wie die Engel sind?"

Die Antwort: „Es ist kein Wunder, daß sie krankgeworden sind von dem hohen Klimmen über alle diese Felsen. Wisse, daß in ihnen weder ein Tropfen Blut, noch Mark geblieben, das nicht verdorrt und erstorben ist. Davon sind sie so krank."

Der Mensch: „Mein innigst Geliebter! Wie haben sie denn ihr leibliches Leben erhalten?"

Die Antwort: „Der, für den sie ihr natürliches, unkeusches und unreines Blut und Mark verzehrt haben, gibt ihnen reines und keusches Blut und Mark. Ist doch auch in dir all dein Mark und Blut erstorben und verdorrt."

Der Mensch: „Mein innigst Geliebter! Davon weiß ich nichts."

Die Antwort: „Das ist wahr, du denkst nicht daran, und dies macht die überschwengliche Liebe, welche in dir glüht."

Der Mensch: „Warum leuchten diese Menschen inwendig so klar wie die Engel?"

Die Antwort: „Gott hat ein so großes Übermaß der Liebe in sie gegossen, daß sie aus ihnen leuchten muß. Und das wissen sie selber nicht, und verlangen auch nicht, es zu wissen. So klein auch die Zahl dieser Menschen ist, so läßt doch Gott auf ihnen die Christenheit stehen. Wären sie nicht, so ließe er die Christenheit untergehen; er würde ohne weiteres dem Teufel Gewalt geben, die Welt mit dem Garn in den Abgrund zu ziehen."

Der Mensch: „Ach, daß dieser Menschen so gar wenige sind! Mein innigst Geliebter! Waren ihrer nie mehr, als jetzt sind?"

Die Antwort: „Wisse, es waren ihrer noch vor wenigen Jahren viel mehr als jetzt."

Der Mensch. „Ach, innigst Geliebter! Es hätte mir notwendig geschienen, sie zum Heil der Christenheit hier zu lassen."

Die Antwort: „Gott wollte diese lieben Menschen nicht länger unter den Scheinchristen leben und wandeln lassen, die wider alle christliche Ordnung leben."

Der Mensch: „Innigst Geliebter! Wissen sie, daß sie ihrem Ursprung so nahe sind?"

Die Antwort: „Sie wissen es nicht als zuverlässige Wahrheit; zuweilen wird ihnen aber ein kleiner Lichtblick aus dem Ursprung geschenkt, daran sie wohl merken, daß ein höheres Licht in ihnen leuchtet. Sie haben sich aber Gott so rein und bloß ergeben und im Glauben gelassen, daß sie mehr erschrecken, wenn er ihnen beseligenden Trost schenkt, als wenn er sie in scheinbarer Verlassenheit darben läßt; denn sie verlangen nichts, als dem Vorbild Jesu im Glauben nachzufolgen. Sie lieben und meinen keinen Trost, noch verlangen sie einen. Sie haben sich so einfältig und unbedingt dem Glauben ergeben, daß sie weder etwas zu wissen verlangen, noch meinen. Sie sind auch so demütig, daß sie sich aller göttlichen Tröstungen und vertraulichen Mitteilungen unwürdig halten, und nie danach verlangen."

Der Mensch: „Mein Geliebter! Haben diese Menschen kein Verlangen nach etwas?"

Die Antwort: „Sie haben kein anderes Verlangen, als daß die Ehre Gottes vollbracht werde. Sie haben sich so ganz Gott überlassen, daß sie mit allem vollkommen zufrieden sind, was er mit ihnen und um sie tut. Sie verhalten sich gleich ruhig, er mag ihnen geben oder nehmen; sie beunruhigen sich also über nichts. Sie fürchten die Tröstungen mehr als Leiden; denn sie lieben das Kreuz."

Der Mensch: „Fürchten sie nichts?"

Die Antwort: „Sie fürchten weder die Hölle, noch das Fegefeuer, nicht den Teufel, noch den Tod, noch das Leben. Sie haben alle Furcht abgelegt, außer der einen, daß sie dünkt, sie folgen dem Bild Christi nicht so getreu, als sie sollten und wünschten. Sie sind so demütig, daß sie sich selbst und alle ihre Werke ganz vernichten, sich unter jedes Geschöpf setzen, und sich nicht getrauen, weder hier noch jenseits sich mit jemand zu vergleichen. Sie lieben alle Menschen in Gott, nur jene inniger, die auch Gott lieben. Der Welt sind sie gründlich abgestorben, so wie allem, was sie je nach ihrer eigenliebigen Vernunfteinsicht getan und geübt haben. Sie suchen mit all ihrem Tun und Lassen nur die Liebe und Ehre Gottes. Sie lieben und suchen nicht sich selbst, noch in irgend etwas das Ihrige in Zeit und Ewigkeit. Sie haben weder an sich, noch an einen Menschen, noch an irgend etwas in der Welt eine Anhänglichkeit. Sie leben nur im Glauben, und verlangen auch nicht mehr zu wissen; denn sie halten sich dessen unwürdig.

Wisse, diese Menschen sind durch und durch geprüft worden mit allen möglichen, nur den Teufeln erdenklichen Versuchungen, wovon einige über die menschlichen Begriffe und Sinne sind. Und doch verlangen sie nichts anderes, und würden sie neuerdings mit Freude erdulden, wenn Gott sie ihnen wieder senden wollte. Alle Kreaturen sind ihnen ein Kreuz gewesen, und sie haben es durchgelitten. Wollte ihnen Gott dieses Kreuz wieder geben, sie würden es gerne empfangen; denn ihr Herr und Gott ist ihnen ja mit dem Kreuz vorausgegangen. Sie verlangen keinen anderen Weg bis zu ihrem Tode als den des Kreuzes zu gehen. Sie sind der Welt unbekannt, aber ihnen ist die Welt wohlbekannt. Diese Menschen, die auf dem neunten Felsen wohnen, sind die recht eigentlichen Menschen, und die wahren Anbeter, die den Vater anbeten im Geist und in der Wahrheit."

Der Mensch sprach: „Mein Geliebter! Ich fürchte, daß sich jene, welche dieses Buch lesen, daran ärgern werden, weil man die Perlen nicht vor die Schweine werfen soll."

Die Antwort: „Das empfehle Gott. Wisse aber, daß dieser letzte Teil, was nämlich hier vom neunten Felsen geschrieben ist, der Christenheit nützlicher sein wird, als alles in diesem Buch Geschriebene. Wisse auch, daß von diesen Menschen einer Gott angenehmer, lieber und werter, und der Christenheit nützlicher ist, als 1.000 andere, die nach ihrer eigenen Weise leben. Man soll sich nicht wundern, daß hier vieles in Bildern dargestellt wurde; denn man kann es anders nicht begreiflich und verständlich machen. Gott ist ein so großes Gut, daß ihn der menschliche Verstand nicht zu begreifen vermag. Du fürchtest, daß man nicht verstehen werde, was ich dir hier zu schreiben befohlen habe. Noch gibt es Menschen auf Erden, wenn ihrer auch nur wenige sind, die danach leben, und daher es wohl verstehen. Hätte ich dich schreiben heißen von den neun Chören der Engel und von der Natur derselben, so wären dies allerdings geheimnisvolle, unverständliche Worte, was die menschliche Vernunft weder zu erschauen, noch zu begreifen vermag."

Der Mensch: „Ach, innigst Geliebter! Vermag kein Mensch anders in den Ursprung zu kommen, wenn er nicht bei diesen Menschen auf dem neunten Felsen eine Wohnung hat?"

Die Antwort: „Ja, dies geschah dem heiligen Apostel Paulus; er mußte aber nachher bis zu seinem Tod ein schweres Kreuz tragen, und zuletzt den Märtyrertod sterben. Wisse, ungeübter Tugend ist nicht zu trauen, jetzt so wenig, als vor 100 Jahren. Der allersicherste Weg wäre, wenn der Mensch diese großen, hohen Felsen alle mit bedachtsamen Schritten in rechter Gelassenheit übersteigen würde, bis zum neunten Felsen; erst hier gelangt er zu einem etwas sicheren Frieden."

Der Mensch: „Ach, innigst Geliebter! Ich fürchte, daß so manche Menschen viele Jahre in der Irre herumlaufen, ohne zu diesen friedsamen Menschen zu gelangen, die auf diesem Felsen wohnen."

Die Antwort: „Wen sieht man denn jetzt, der ein großes Verlangen danach hätte?"

Der Mensch: „Ich hoffe, daß noch sehr viele Menschen dahin sich sehnen.“

Die Antwort: „Das ist wohl wahr, wenn sie mit ihrem Wissen und nach ihrem Willen dahin gelangen könnten; aber sie wollen diese Verleugnung nicht üben.“

Der Mensch: „Geliebtester! Sind die Menschen auf diesem Felsen vom Fegefeuer nicht frei?“

Die Antwort: „Ja, wenn sie bis zu ihrem Tode darauf verharren.“

Der Mensch: „Geliebtester! Können auch diese Menschen noch zurückfallen?“

Die Antwort: „Es ist schon geschehen, daß einige dieser Menschen von diesem hohen Felsen bis unter das Garn herabgefallen sind. Die Ursache war, weil der Feind einige Selbstgefälligkeit in sie gebracht hat, welcher sie nicht, so wie sie hätten sollen, widerstanden haben. Dieser Sünde wegen ward ja auch der Feind aus dem Himmel verstoßen mit all seinem Anhang. Die Menschen, welche von diesem Felsen unter das Garn fallen, werden die Schädlichsten in der Christenheit, und zwar deswegen, weil ihnen Gott die glänzendsten Gaben erteilt hat, die sie nun auf verkehrte Weise zur Verirrung der Christenheit gebrauchen. Sie sind mehr zu fliehen als die Höllengeister. Dies sollten in dieser gefahrvollen Zeit besonders die Einfältigen tun, um sich vor ihnen hüten zu können; denn das Unkraut beginnt sehr überhand zu nehmen. So lange die Seele in diesem Leib ist, kommt der Mensch nie so hoch und tief in seinen Ursprung, daß er vom Feind nicht versucht werden könne, um ihn herabzuziehen. Das bewies er dadurch, daß er selbst Christus nicht unversucht und ungeprüft gelassen hat.“

Der Mensch: „Ach, innigst Geliebter! Hat Gott die Menschen, welche auf diesem Felsen sind, sehr lieb?“

Die Antwort: „Ja, Gott hat diese Menschen so ungemein lieb, daß er die Bitte eines solchen in irgendeiner Sache auch dann erhören würde, wenn die ganze Christenheit einmütig das Gegenteil verlangen sollte.“

Der Mensch: „Ach, innigst Geliebter! Wie wunderbar beseligend ist für mich der Anblick dieser Menschen! Welche Freude und Seligkeit wird es erst sein, dich von Angesicht zu Angesicht zu schauen!"

Die Antwort: „Wäre es möglich, daß ein Mensch die Sinne, Kräfte und Vermögen aller Menschen und Engel haben könnte; so würde er damit doch die geringste Freude nicht begreifen können, die Gott in der Ewigkeit seinen Freunden erteilt."

Der Mensch: „Ach, Geliebtester, noch möchte ich gerne bemerken, wie höchst nötig es wäre, daß viele dieser Menschen auf diesem Felsen wohnten, und für die Christenheit beteten."

Die Antwort: „Daß ihrer nur wenige sind, das wird die Christenheit eines Tages gar wohl erfahren."

Der Mensch: „Ach, innigst Geliebter! Ich hoffe doch, du wirst dich, wenn auch nur einer lebte, um seiner willen über die ganze Christenheit erbarmen."

Die Antwort: „Wisse, wenn Gottes Langmut erschöpft ist, und er seine Gerechtigkeit walten läßt, so nimmt er diesen Menschen alle ihre Kraft und Macht, für die Christenheit zu bitten."

Der Mensch: „Innigst Geliebter! Ich hoffe, daß die Zeit noch nicht gekommen ist, wo du die Welt wirst untergehen lassen, denn mir scheint, daß die Zahl der Auserwählten noch nicht erfüllt sei."

Die Antwort: „Das ist wohl wahr. Aber weißt du denn nicht, daß Gott einst die Welt, ihrer Sünden wegen, bis auf acht Menschen hat untergehen lassen, und diese die Stammeltern einer neuen Welt waren. Wisse also auch, daß Gott die große Unordnung, welche jetzt herrscht, nicht lange mehr dulden will."

Der Mensch: „O Geliebtester! Noch möchte ich gerne fragen, wie lange du diese Menschen, die ihr Blut und Mark also ertötet haben, auf diesem Felsen wohnen läßt, bis sie in den Ursprung sehen dürfen?"

Die Antwort: „Einigen wird diese Gnade zuteil, ehe sie auf ihn gelangen. Diese haben dann aber bis an ihren Tod vieles zu leiden, wie es der heilige Paulus erfahren hat. Auch läßt Gott einige Menschen schon in den Ursprung sehen, sobald sie auf diesem Felsen ankommen; andere im zweiten oder dritten, und wieder andere im fünften und zehnten Jahre. Einige läßt Gott aber hier in der Dürre harren bis zu ihrem Tode, und sie erst in den letzten Augenblicken ihres Lebens hineinsehen. Unter diesen bleibt aber wieder einigen der Ursprung so lange verhüllt, und sie in der Dürre des Geistes, bis ihre Seele den Leib verlassen hat. Das sind die verborgenen, heimlichen Werke Gottes, deren Einsicht niemand zusteht. Warum Gott aber mit diesen edlen Menschen so ungleich verfährt, geschieht darum, weil Gott allein weiß, was jedem gebührt und gut und heilsam ist.

Siehe nun, wie wenige Menschen zu dieser Zeit im wahren Gehorsam leben, da es die allein sind, welche auf diesem Felsen wohnen."

Der Mensch: „Ach, innigst Geliebter! Dürfte ich unwürdige Kreatur dich bitten, – zwar ist es mir nicht möglich, du aber vermagst alle Dinge, – mich wohnen zu lassen bei den Menschen auf diesem Felsen! Ach, innigst Geliebter! Zürne nicht dieser Bitte! Ist es möglich, so hilf du, der alle Dinge vermag, daß ich dieser lieben Menschen Knecht werde, wiewohl ich auch dessen unwürdig bin."

Die Antwort: „Gott ist durch die Demut leicht zu überwinden. Er hat diese an dir gesehen, und will dich nicht nur bei diesen Menschen wohnen, sondern dich selbst in den Ursprung sehen lassen."

Der Mensch: „Ach, innigst Geliebter! Dies sind mir geheimnisvolle Worte. Wie soll ich allerunwürdigste Kreatur dazu kommen, dessen ich ganz unwürdig bin?"

32. Kapitel.

Wie der Mensch von Gott
gezwungen ward, in den Ursprung zu sehen.

DIE Antwort: „Gehorsame, und öffne deine inneren Augen. Du mußt in den Ursprung sehen."

Der Mensch erschrak im Innersten seines Herzens und seiner Seele, und sprach: „Geliebtester! Erlaß mir Armen diese große Ehre; denn ich bin ihrer ganz unwürdig, und auch dazu unfähig. Ich bitte dich inbrünstig durch dich und um alles Guten willen. Ich darf dich ja um alles um deiner Güte willen bitten. Ist es anders dein göttlicher Wille, so erlaube mir diese Bitte, weil dies für mich ganz ungeziemend ist."

Die Antwort: „Widersetze dich nicht; denn es muß geschehen. Du mußt alles, was du sehen wirst, aufschreiben, so viel es den Sinnen begreiflich ist, und mit Worten bezeichnet und verständigt werden kann."

Der Mensch: „Ach, innigst Geliebter! Wie kommt es dazu, daß du mir zeigen willst, was deinen lieben Freunden verborgen und unbekannt ist, und was du selbst denen vorenthältst, die schon so lange unter strenger Übung auf diesem hohen Felsen gewohnt haben? Ich bitte dich durch dich selbst, erlaß mir Unwürdigem diese unbegreifliche, große Ehre."

Die Antwort: „Bitte mich nicht länger, es muß sein. Aber wisse, du mußt es vor deinem Tode noch sauer und bitter verdienen."

Der Mensch: „Darüber erschrecke ich nicht, da du um mich Armen, deinen Knecht, auch so viel gelitten hast. O Geliebtester! Tue mit mir armen, unwürdigen Kreatur nach deinem Willen in Zeit und Ewigkeit."

Als nun der Mensch seinen Willen dazu gab, ward ihm augenblicklich die Pforte des Ursprungs geöffnet, und er sah in denselben, aber so kurz, daß es kaum ein Augenblick war. Als dies Gesicht ein Ende hatte, war sein ganzes Gemüt so voll Freude und Licht, daß er ganz von sich selbst kam, und von dieser Welt nichts mehr wußte. Als er wieder zu sich selber kam, war die innerliche Freude und Erleuchtung so übermäßig, unaussprechlich und überschwenglich groß, daß er in seiner Natur erschrak und dachte: „Wo bist du gewesen? Wie wunderbar ist dir geschehen, daß deine ganze Seele und deine leibliche Natur so überfließend voll Freude sind?" In diesen Gedanken saß er lange da. Aber je mehr er darüber nachdachte, um so weniger wußte er, was es gewesen sei. Gerne, dachte er, wollte er das, was er im Ursprung gesehen hatte, aufschreiben, wie ihm befohlen worden war; aber er konnte und vermochte das allermindeste hiervon nicht auszusprechen und zu schreiben. Er versuchte es hierauf, es durch Bilder und Gleichnisse zur Erkenntnis zu bringen; aber auch dies war fruchtlos; denn es war weit über alle menschliche Vorstellung. Dann nahm er sich vor, so lange darüber nachzudenken, bis seinen Sinnen und seiner Vernunft etwas einleuchten würde; aber es war über alle Sinne und Vernunft. Je mehr er nachdachte, um so weniger erkannte er; denn es war über all sein Erkennen und über alles, was er je verstanden und gehört hatte. Und er sprach: „O innigst Geliebter! Ich begreife es nicht, was du mit den Worten meinst: ich soll sehen und schreiben, was ich von dem Gesehenen in Begriffe bringen könnte. Nun kann ich nicht ein Wort davon sagen, noch mit meiner Vernunft begreifen und verstehen, wo ich gewesen bin, oder was ich gesehen und gehört habe; nur das blieb mir, daß ich ganz voll bin von unaussprechlicher Freude, und nicht weiß, wie ich sie so viel werde einhalten können, daß sie nicht überfließe und ungestüm ausbreche."

Die Antwort: „Wisse, die allermindeste Freude, die in Gott ist, übertrifft weit alle Freuden dieser Welt, wenn auch alle zugleich genossen werden könnten."

Der Mensch: „Ach, innigst Geliebter! Mich wundert sehr, daß mir von übergroßer Freude das Herz nicht zerspringt. Ach, Geliebtester! Erlaube mir, dich zu fragen und sage mir, wo ich war, und was das gewesen ist, was ich sah; denn ich kann davon weder reden, noch schreiben."

Die Antwort: „Wisse, du hast in den Ursprung gesehen. Darüber sollst du dich nicht wundern, daß du es nicht sagen, noch verstehen und begreifen kannst, was du gesehen hast. Denn wisse, wäre es möglich, daß ein Mensch den Verstand und die Vernunft aller Menschen auf Erden besitzen könnte, dennoch vermöchte er aus sich nicht das allermindeste zu begreifen von dem, was du gesehen hast. Darum versuche dies nicht mehr; denn es war über alle menschliche Vernunft und Einsicht. Als du dies sahst, entfielen dir alle geschaffenen Dinge, und der Schöpfer ward dir zu einem Gemahl gegeben. Du bist in der würdigen Schule gewesen, wo der Heilige Geist Lehrmeister ist. Und als deine Seele in diese hohe Schule kam, sah sie hier alles voll von Schriften, deren Inhalt ihr im wahren Licht ganz einleuchtete. Bei diesem Anblick war deine Seele unaussprechlich froh und so ergriffen, daß sie, vor Freude entzückt, in dieser Anschauung so lange verweilte, bis sie, vom wahren Licht erleuchtet, selbst ganz Licht war. In dieser hohen würdigen Schule ward deiner Seele von dem höchsten Meister ein so großes Maß der Liebe geschenkt, daß sie in deine äußeren Sinne überfloß.“

Der Mensch: „Ach, innigst Geliebter! Ich muß dir sagen, als ich in den Ursprung kam, da empfand ich in meiner Seele eine so unaussprechliche und wunderbare Liebe, daß ich gerne alle Qual gelitten hätte, welche die Seelen im Fegefeuer leiden, um sie daraus zu befreien, so sehr bemitleidete ich sie. Auch fühlte ich eine so große Liebe in meiner Natur – obgleich sie übernatürlich war, – daß mir dein Leiden so groß zu Herzen ging und dein Tod mir so innigst lieb ward, daß mich dürstete nach den größten Leiden und nach dem schmählichsten Tode, den man erdenken mag. Danach fühlte meine Seele ein sehnliches Verlangen, deinen Tod zu verherrlichen, und in meinem Herzen entstand eine große Begierde für alle Sünder, die auf der Erde sind, zu leiden, so wie für die Leiden aller Menschen, wenn es anders dein Wille wäre.“

Die Antwort: „Wisse, diese Liebe und diese überschwengliche Gabe hast du empfangen in der hohen würdigen Schule des Heiligen Geistes.“

Der Mensch: „Innigst Geliebter! Es wäre mir eine große Freude, wenn ich alle Leiden der Menschen allein zu deiner Ehre und Verherrlichung erdulden könnte."

Die Antwort: „Wisse, daß nie ein Mensch eine so inbrünstige göttliche Liebe fühlt, wenn er sich nicht auf dieser Stufe befindet."

Der Mensch: „Wäre es dein Wille, so wollte ich mich gerne, zu deiner Verherrlichung, in die Hölle begeben, damit alle Menschen erkennten, was du mir unwürdigem Geschöpf, durch deine grundlose Erbarmung, hast sehen lassen."

Die Antwort: „Wisse, wollten die jetzt lebenden Menschen mutig ihrem Eigenwillen entsagen, und sich männlich über die neun großen, hohen Felsen wagen, Gott würde sie dann, wenn sie einmal so viel ihm folgen wollten, selbst führen, und ihnen beistehen, wie er dir getan hat."

Der Mensch: „Mein innigst Geliebter! Ich weiß keinen Menschen, dem ich dies nicht, wie mir selbst, aus ganzem Herzen gönnte. Ich erstaune über die so große, wunderbare Freude, die ich in mir fühle."

Die Antwort: „Vertraue nicht zu viel auf diese große Gabe; denn wenn es Gott für gut befindet, so entzieht er sie dir wieder ganz, und läßt dich so arm und unwissend, als ob du nie etwas von Gott empfangen hättest."

Der Mensch: „Innigst Geliebter! Zürne nicht, wenn ich nun sage, du bist mir so innig liebgeworden, daß mich nichts zu betrüben vermag, was du immer mit all deiner Macht mit mir tun wirst. Denn die große Liebe, die ich zu dir fühle, macht, daß mir alles wohlgefällt, was du über mich anordnest. Hinge es von meinem Wunsch ab, ich könnte nichts Besseres wünschen; denn alles, was du tust, ist unendliche Güte. Du magst geben oder nehmen, ich liebe über alles deinen Willen."

Die Antwort: „Siehe, daß dir nicht geschieht, wie dem heiligen Petrus geschah. Der hatte auch einen ungemein großen Eifer, als es aber darauf ankam, verlor er seinen Mut."

Der Mensch: „Innigst Geliebter! Ich überlasse mich deiner Erbarmung."

Die Antwort: „Nun sieh hin über alle diese Felsen und über das Garn, welches über die ganze Welt gezogen ist."

Der Mensch sah zwei Menschen unter dem Garn wandeln; der eine war durch und durch schön und klar anzusehen, wie ein helleuchtender Engel; der andere war aber durch und durch schwarz und finster, wie der Feind, nur daß er die Gestalt eines Menschen hatte.

Der Mensch: „Liebevoller, innigst Geliebter! Wer sind diese zwei Menschen?"

Die Antwort: „Wisse, der Mensch, welcher unter dem Garn geht, schwarz wie der Feind, wohnte bei den Menschen auf dem neunten Felsen, und ward hinabgestoßen, wie einst dem Luzifer geschah; denn er hatte Wohlgefallen an sich selbst, sprach viel mit den Menschen aus Selbstgefälligkeit, und wollte selbst etwas sein. Und nun ist dieser Mensch einer der Schändlichsten, die je auf der Erde leben mögen; denn seine Lehre ist falsch, und mehr zu fliehen als alle bösen Geister."

Der Mensch sah so viele von diesen Abgefallenen, die nun ihre Wohnung unter dem Garn hatten, daß er von tiefem Schmerz erfüllt ward; denn diese sind die allerschändlichsten Menschen, welche es in der Christenheit gibt.

Der Mensch: „Wie soll man diese falschen Menschen erkennen?"

Die Antwort: „Sie lehren einen leichten, sanften Weg, dazu die Natur wohl geneigt ist, besonders zu dieser Zeit."

Der Mensch: „Innigst Geliebter! Wer ist der Mensch, welcher so hell leuchtet unter dem Garn?"

Die Antwort: „Wisse, dieser hat auch in den Ursprung gesehen und gewohnt in der Gesellschaft dieser lieben Menschen. Aus großer Liebe und Erbarmung ging er hinab unter das Garn zu den armen Sündern, um mit Gottes Hilfe wenigstens einen zu bekehren und aus seinen Sünden zu retten. Dieser Mensch sieht sehr weit, und erkennt sehr wohl den Jammer und die große Gefahr, in welcher die Christen unter dem Garn sind. Gern wollte er den leiblichen Tod für sie leiden, wenn er ihnen aus ihren Sünden helfen könnte; denn er kennt Gottes strenge Urteile über sie nach diesem Leben."

Der Mensch: „Innigst Geliebter! Gibt es solche erleuchtete Menschen nicht viele in der Christenheit?"

Die Antwort: „Wisse, es gibt so wenige solcher Menschen, daß es dich sehr betrüben würde, wenn du ihre kleine Anzahl sähest."

Der Mensch: „Leben auch diese Menschen noch in Furcht?"

Die Antwort: „Ja, aber sie fürchten nur, ihren Herrn und Gott nicht genug zu lieben, und seinem Vorbild nicht so getreu zu folgen, als sie gerne wollten. Und so klein diese Furcht ist, so läßt sie Gott doch noch eine kleine Weile darin. Sonst fürchten sie nichts, weder die Hölle noch das Fegefeuer, weder den Teufel noch die Menschen, weder das Sterben noch das Leben. Sie sind aller Furcht abgestorben, nur allein die kindliche Furcht besitzen sie noch, die ihnen zu einigen Zeiten bis an ihren Tod nötig ist."

Der Mensch: „Haben diese Menschen noch Leiden?"

Die Antwort: „Ja, sie haben noch Leiden, und verlangen auch nichts anderes als dem gekreuzigten Bild Christi bis an ihren Tod nachzufolgen. Das größte Leiden, das sie haben, besteht darin, daß sie gar wohl die Gefahr der Christenheit erkennen, mit der sie inniges Mitleid haben. Sie sind so sehr erleuchtet, daß sie bei allen Menschen wohl sehen, woran sie noch hängen, und daher ihrem Ursprung nicht näherkommen. Die Erkenntnis ihrer Befangenheit und Anklebung an ihre eigenen Übungen und andere Dinge flößt diesen edlen, erleuchteten Menschen großes Mitleid gegen sie ein; sie tragen aber dieses Kreuz Christi, ihrem Haupt, gerne nach bis zu ihrem Tode."

Der Mensch: „Innigst Geliebter! Sind diese Menschen des ewigen Lebens versichert?"

Die Antwort: „Sie sind aus sich selbst ganz ausgegangen, und mit Gott aufs innigste vereinigt. Wohin sollte Gott denn mit seinen Freunden wollen? Sollte er die Seinen dem Feind überlassen? Das geziemt sich für ihn nicht. Wenn diese Menschen sterben, so gehen sie geraden Weges in das ewige Leben ein. Diese edlen, erleuchteten Menschen kann niemand trösten als Gott allein mit sich selbst."

Der Mensch: „Innigst Geliebter! Was ist denn die Ursache, daß in der heiligen Christenheit alle Ordnung fast ganz aufgehört hat?"

Die Antwort: „Vormals hat man bei allen wichtigen Angelegenheiten zu Gott und seinen Freunden seine Zuflucht genommen. Würde bei den jetzigen Nöten der Christenheit einer dieser edlen, vom Heiligen Geist erleuchteten, Menschen in geistlichen und weltlichen Dingen ihnen raten wollen, man würde seiner spotten und ihn für einen Toren halten. Und doch würde ein solcher, wäre ihm auch die ganze Christenheit anvertraut, in allem eine Ordnung herstellen, wie nie ein anderer es vermag. Und dies wäre ihm leicht, da der Heilige Geist in ihm ist. Dennoch verdrückt, vernichtet und verspottet man sie.

Lassen wir nun diese Rede fallen. Sage mir: hast du wohl verstanden, was Gott damit meint, daß er dich zuerst sehen ließ ein so hohes Gebirge, hierauf so viele Fische, die über die Felsen des Gebirges in den Bächen herabfielen, dann durch die Flüsse der ganzen Welt schwammen, in denen viele in den überall ausgestellten Netzen gefangen wurden, und wie ihrer so wenige, nachdem sie die Welt durchlaufen hatten, an das Gebirge wieder zurückkehrten; wie dann diese, in den von den hohen Felsen stürzenden Bächen, wieder über dieselben aufsprangen bis zum Ursprung des Wassers, ein Teil aber von denen, die auf dem Gebirge ankamen, immer wieder herab- und sich totfiel? Zugleich sahst du, daß sie dies so oft und lange trieben, bis sie über die hohen Felsen kamen, und daß ihrer gar wenige wurden, bis sie die Spitze des Berges erreicht hatten. Hast du nun wohl verstanden, was Gott damit lehren will?"

Der Mensch: „Ja, innigst Geliebter! Ich verstehe wohl, daß dies alles ein Gleichnis ist.[9] Ach, du einzige, allerliebreichste Liebe! Erbarme dich

---

[9] Von dem Abfall und der Rückkehr des Menschen zu Gott.

über die arme Christenheit. Willst du, so will ich gerne für sie mein Herz in 1.000 Stücke spalten lassen, aus Liebe zu dir."

Die Antwort: „Was würde das die Christen nützen? Sie achten alles nicht. Gott hat sie ja erst kürzlich liebreich ermahnt und gewarnt durch die große Sterblichkeit[10], und vorher durch verschiedene Zeichen, durch Ernst und Güte, und alles ist fruchtlos. Sie fürchten Gott nicht mehr. Das wird Gott in die Länge nicht dulden; sie sollen größere Strafgerichte empfinden; denn in vielen hundert Jahren waren die Menschen nicht so böse, als sie jetzt sind. Sie wandeln als ganz verirrte Schafe, und wollen den Freunden Gottes nicht mehr glauben. Wie im Alten, so hat Gott auch im Neuen Bund seinen besonderen Freunden seine verborgenen Heimlichkeiten geoffenbart, und tut dies jetzt noch, wie damals, wozu er auch jetzt noch wie damals die Macht besitzt. Wer das nicht glaubt, dessen Fall fängt hier an, und wird ewig dauern."

Der Mensch: „Ach, innigst Geliebter! Wie furchtbar sind diese Worte für alle sich bekehrenden Menschen, die ihr Leben gerne besserten, aber keinen großen Glauben an die Freunde Gottes haben, weil sie ihre Lehren nicht verstehen."

Die Antwort: „Wie sollten sie noch die Freunde Gottes verstehen können, da sie ihrem Leben ganz ungleich sind? Sie sagen, sie kennen sie nicht; sie sind aber nicht würdig, sie zu kennen. Die Ursache liegt darin, weil sie nicht bereit sind, ihnen zu folgen. Wisse, daß es den sich bekehrenden Menschen sehr nützlich wäre, wenn sie sich einen Freund Gottes erwählen und ihm folgen würden; wenn sie, anstatt Gott, sich seiner Leitung ganz unterwerfen, ihr ganzes Innere nur ihm anvertrauen, und sich sorgfältigst vor den Gleißnern hüten würden, die bei all ihrer glänzenden Vernunftweisheit, die man jetzt weit öfters, als die Wahrheit der Heiligen Schrift hört, nur Irrwege gehen. Es ist allen noch einfältigen Menschen notwendig, unter das Kreuz Christi zu fliehen,

---

[10] In der großen Pest.

und sich zu hüten vor dem Umgang mit diesen Scheinchristen und vor ihren Räten."

Der Mensch: „Innigst Geliebter! Mir scheint, wenn ein einfältiger Mensch sich ernstlich ganz zu dir kehren würde, um allein dir zu leben und allen Geschöpfen abzusterben, du würdest ihm bald mit deiner Gnade zu Hilfe kommen."

Die Antwort: „Gott ist immer bereit zur Erteilung seiner Gnade, wenn er nur bereitete Gefäße fände, die ihrer Aufnahme empfänglich wären. Die jetzt lebenden Menschen suchen alle nur das Ihrige, und lieben nur die Gabe, und solchen erteilt der erbarmungsvolle Gott seine Gnade nicht. Darum erhalten so wenige jetzt besondere Gnaden; denn sie sind ihrer nicht empfänglich, weil sie in sich nicht mit einem fest-entschlossenen, herzhaften Gemüt, mit demütiger Unterwerfung und rechter Gelassenheit einkehren. In einem solchen Menschen wäre Gott jetzt bereiter als je, gute Dinge zu wirken."

Der Mensch: „Ach, innigst Geliebter! Würden viele Menschen dies tun, dann getraute ich mir von deiner Güte zu hoffen, daß du dich über die Christenheit erbarmen würdest."

Die Antwort: „Gottes Erbarmung war in vielen hundert Jahren nicht so groß als zu dieser Zeit; denn er erträgt jetzt so vieles, warnt mit aller Schonung, und sieht wieder zu mit aller Langmut. Denn der Vater wollte die Menschen schon lange bis auf einige von der Welt nehmen; aber der Sohn verhinderte dies, indem er den Vater bat, daß er noch verzögern und abwarten möchte."

Der Mensch: „Ach, mein innigst Geliebter! Gedenke an deine große Marter, an deinen bitteren Tod und an all dein schmerzliches Leiden, und erbarme dich der Christen; verziehe noch länger, bis sie sich bessern. Kannst du, Geliebtester, keinen Weg und kein Mittel erfinden, um sie zu bewegen, daß sie wieder zu einiger Ordnung zurückkehren und dich vor Augen haben würden?"

Die Antwort: „Was soll Gott noch tun? Du siehst ja, wie er alles mögliche tut, und wie doch alles fruchtlos ist. Sie leben nur dem Schein nach als Christen, und einige sind ganz ohne alle Gottesfurcht. Das will der Vater in keiner Weise lange mehr dulden."

Der Mensch: „Mein innigst Geliebter! Erbarme dich der Christen!"

Die Antwort: „Wie soll Gott sich ihrer noch erbarmen? Sie haben sich ja so weit von ihm entfernt, daß die Gerechtigkeit Gottes in die Länge nicht mehr zusehen will. Und wenn die Zeit kommt, daß dein und aller wahren Christen Gebet nicht mehr erhört wird, dann muß die Barmherzigkeit schweigen, und der Vater wird alle Unehre vergelten, die seinem eingeborenen Sohn ist angetan worden, und in diesen sündhaften Zeiten noch angetan wird."

Der Mensch: „Ach, du liebevoller, innigst Geliebter! Nun weiß ich nicht mehr, was ich sagen soll, als daß du nach deiner grundlosen Erbarmung mit der Christenheit verfahren wollest.

Nicht wahr, innigst Geliebter! Eine Frage erlaubst du mir noch, und dann kein Wort mehr: Fühlen die Menschen, welche gewürdigt werden, in den Ursprung zu sehen, darüber hier eine vollkommene Freude?"

Die Antwort: „Ich sage dir, sie haben so große Freude, daß sie in jeder Hinsicht unaussprechlich ist. Dennoch ist diese Freude der ewigen Seligkeit so ungleich, wie die Zeit der Ewigkeit. Und nun nur noch eins: Du mußt bis an deinen Tod ein inneres, verborgenes Kreuz tragen. Dies ist mein letztes Wort. Von jetzt an werde ich nicht mehr mit dir reden."

Der Mensch: „Ach, innigst Geliebter! Dein Wille geschehe! Ich verlange bis an den Tod nur deinem Vorbild nachzufolgen, so viel ich armes Geschöpf vermag."

Als dieses Buch vollends ausgeschrieben war, da nahm Gott diesem Menschen wieder alle beseligenden Gaben, und machte ihn so arm, als ob er nie etwas von Gott empfunden hätte. Zugleich verhängte er die allergrößte Versuchung über ihn, welche über alle menschlichen Sinne war. Und dieser Mensch lebt noch, und glaubt, daß er sie bis zu seinem

Tode wird tragen müssen. Er verlangt aber auch nichts anderes, als Leiden.

Dies Buch ward angefangen in der Fastenzeit, da man zählte seit der Geburt Jesu 1352 Jahre.

Niemand soll und darf fragen, durch wen Gott dieses Buch geschrieben habe; denn dieser Mensch hofft von der Güte Gottes, daß es in seinem Leben nie ein Mensch erfahren, noch je in dieser Zeit einer Kreatur bekannt werden soll. Amen.

Inhalt.

Zu dieser Ausgabe.

Der Text dieses Buches basiert auf folgenden Ausgaben:
Melchior Diepenbrock (Hrsg.): *Heinrich Suso's, genannt Amandus, Leben und Schriften.*
Augsburg 1854.und: Simon Buchfelner (Hrsg.): *Göttliche Offenbarung über den sündhaften Zustand der Christenheit,* ... Regensburg 1843.
Der Text wurde in die traditionelle deutsche Rechtschreibung übertragen, und zum besseren Verständnis für den heutigen Leser sprachlich bearbeitet.
Überflüssige Fußnoten sowie im Fließtext befindliche Kommentare wurden, der besseren Lesbarkeit halber, beseitigt.